D1726852

Gewidmet allen Eltern, die hier lesen können,
was sie sich nie zu sagen trauen!

© 2009 Lappan Verlag GmbH
Postfach 3407 · 26024 Oldenburg
www.lappan.de · E-Mail: info@lappan.de

© Fotos: Fotolia
Gesamtherstellung: L.E.G.O. S.p.a., Vicenza

Printed in Italy

ISBN 978-3-8303-3219-0

Claire Rasil

WAR ICH ALS KIND AUCH SO SCH... WIERIG?

Von der Nervenkrankheit Pubertät –
und wie ich meine Nerven vor ihr rette!

Lappan

Inhalt

Es gibt viele Dinge auf der Welt, ohne deren Existenz das Erdendasein wesentlich angenehmer verliefe, zum Beispiel Erdbeben, Finanzämter, Krieg und Verwandte. Nichts davon jedoch ist in Dauer, Intensität und Schrecken mit der häuslichen Folter der Pubertät zu vergleichen, die im Handumdrehen eine idyllische, familiäre Lebensgemeinschaft in ein Terrorcamp der Qualität von Guantanamo Bay verwandelt.

Zumindest heutzutage, denn bis vor ein paar Jahren war der hormonelle Verpuppungsprozess der zwar kleinen und süßen Hosenscheißerchen hin zu belastbaren, Wohn- und Kostgeld zahlenden menschlichen Jungtieren zwar auch oft nervig und auch ärgerlich, alles in allem handelte es sich aber um einen Vorgang, der mit Hausarrest und Fernsehentzug weitestgehend im Griff zu halten war. Wir, die heutige El-

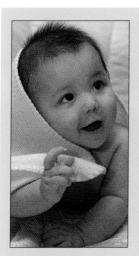

Die Krankheit kam über Nacht. Der Sonnenschein einer glücklichen Familie, jetzt ein entstelltes Kind nach dem Pubertätsbefall. Bilder wie diese werfen Fragen auf: Gibt es einen Gott? Wenn ja, warum lässt er das zu? Wo ist der Staat, wenn man ihn braucht? Gibt es gegen Selbstentstellung denn kein Gesetz?

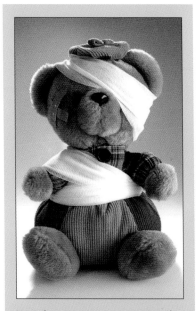

Von den Hormonen entmenscht, schnippeln Teenager an allem herum, was sich nicht wehrt. Wer zu solchen Brutalitäten fähig ist, wird auf Strafen unterhalb einer ordentlichen vietnamesischen Wasserfolter kaum bis gar nicht reagieren.

terngeneration, erinnern uns mit Schrecken an Strafen wie ohne Abendessen ins Bett oder gar eine ganze Woche Fernsehverbot.

Das wollten wir besser machen. Wir wollten unseren Kindern ein Freund sein. Ein Kamerad. Eine Oase aus Verständnis und Harmonie. Jetzt haben wir den Salat. Die Ankündigung einer demnächst erfolgenden Ohrfeige, ein Klaps auf den Hinterkopf, das sind Dinge, mit denen man dem Pickelpack 21 nur noch ein müdes Lächeln entlocken kann.

Wer mit fünf schon Filme wie „Hostel" auswendig mitspricht, sich aus Modegründen stückweise Ohrläppchen oder Fingerglieder entfernt oder sich den Körper mit Metallringen volltackert, ist mit solchen Strafmaßnahmen nicht mehr zu beeindrucken.

So kommt es, dass diese, vom vielen Döner-Hormonfleisch oft abnorm vergrößerten, wandelnden biochemischen Sprengsätze mit ihrem angeborenen oder antrainierten türkischen Akzent eine absurd pervertierte Persiflage dessen darstellen, was wir früher

„die Jugend von heute" nannten! Pubertät ist in ihrer Summe längst ein häuslicher Horrorfilm, den diese plustergesichtigen Hormongeschwader ohne Rücksicht auf Verluste bis auf die Schul- und Busbänke dieser Republik zu tragen bereit sind. Kurz gesagt: Es herrscht Krieg!

War ich als Kind denn auch so sch...wierig? fragt sich da manch verzweifelter Erziehungsverpflichtete angesichts des abstoßenden Dramas, das sich vor seinen Augen im Körper des eigenen, einst ja auch mal geliebten Kindes abspielt.

Die Antwort lautet ganz klar: NEIN!!! Egal was wir uns in unserer Jugend haben zuschulden haben kommen lassen: Es ist ein feuchter Kehricht gegen die Untaten dieser Rapmusik hörenden, Red-Bull-Wodka saufenden Pornogucker, die jede Behausung von jetzt auf gleich in einen Gulag verwandeln.

Pubertärer Nervenkrieger beim Betanken mit fetthaltigem Nahrungsbrei. Chemo-Lebensmittel, sinnlose Gewaltspiele, Afro-Negermusik aus den Slums Nordamerikas – einer derartigen Selbst-Gehirnwäsche haben viele Eltern leider nichts anderes als Ratlosigkeit und Verzweiflung entgegenzusetzen. Warum unsere Jugend so aus dem Ruder läuft ist noch nicht geklärt. Al Kaida, El Nino, die CIA oder Aliens: Jeder könnte für die Perversion der Pubertät dieses Hormonterrorismus der Neuzeit verantwortlich sein.

Pubertät, damals und heute. Links ein Foto aus den frühen Siebzigern. Der Junge grinst seinen Vater frech und provokant an und wird sich dafür gleich eine Schelle fangen, bei der er einen Backenzahn verlieren wird. Rechts ein Foto aus dem 21. Jahrhundert. Vater und Sohn besprechen geduldig und konstruktiv das abendliche Fernsehprogramm. Am Ende wird Vater im Keller bei der alten H0-Bahn sitzen und der Junge mit seinen Freunden SAW 4 gucken und das Bier austrinken.

Dieses Buch soll den armen Eltern helfen, eine unüberbrückbare Zeit zu überbrücken, eine Zeit, die viele von uns ohne den Einsatz von viel Geld (Internat) oder viel Zeit (Absitzen einer Haftstrafe wegen Totschlags) in den Wahnsinn treiben wird. Es ist das Ziel dieses Buches, dem Leser das Innenleben des Teeniesaurus Rex näherzubringen: Warum er ist, was er ist, wie er tickt und wie er zumindest kurzzeitig ohne den Einsatz von Waffen oder Narkotika zur Räson zu bringen ist.

Liebe ist dabei der zentrale Begriff in einer wirkungsvollen Begleitpädagogik für den hormonkranken Jugendlichen. Ohne Liebe schaffen Sie es nicht. Denn nur wer sein Kind liebt, hat die Kraft und macht es ihm schwer! Nur die bedingungslose Zuneigung lässt uns die Härte unserer eigenen Strafmaße ertragen, und nur die innigste Zuneigung ermöglicht es uns, nicht weich zu werden, wenn wir das an Akne erkrankte Kind heulend und fluchend auch noch mit sechzehn abends um elf zu Bett schicken, während seine Freunde vor dem Fenster Schnaps saufen und Mülltonnen anzünden dürfen. Die Näherung und Überwindung der Lebensprüfung „Teenager" ähnelt nicht zuletzt dem Lernprozess altasiatischer Kampfphilosophien. Die Überwindung größtmöglicher nervlicher Qualen, der Mut zur Peinigung eines Herzens-

menschen, der von einem Dämon besessen ist, die Lehre von Teilnahmslosigkeit, wenn das Biest im Kind vor Wut und Ärger schäumt: dies alles sind Erfahrungen, die uns Menschen auf ein höheres Bewusstseinsniveau heben können. Wir teilen darum dieses Buch von der Überwindung des Pickel-Karmas nicht in Kapitel, sondern in die Dan-Grade des „Ordens der Erlöser vom eitrigen Hausdrachen". Öffnen Sie den Geist für diese weise Technik, die der reinen Aggression dient, und gewinnen Sie so Ruhe und Frieden in den eigenen vier Wänden zurück!

Viel Erfolg,

Ihre *Claire Rasil*

1. Dan: Pubertät

Gibt es diesen bösen Dämon überhaupt?

In unserer handweichen Ich-habe-für-alles-Verständnis-Gesellschaft gibt es mittlerweile viele nachsichtige Erklärungen für die temporäre geistige Umnachtung mit dem Namen „Pubertät". Die meisten laufen auf den schmalbrüstigen Versuch hinaus, das nervenanstaltsreife Gehabe der uns nachfolgenden Brut mit dem Aufkeimen der Sexualität zu entschuldigen. Was für eine fatale Fehleinschätzung! Eine Perfektionistin wie Mutter Natur würde doch nicht Be-

Sex und Pubertät haben übrigens nichts miteinander zu tun, sondern fallen lediglich zeitlich rein zufällig in dieselbe Entwicklungsperiode des Menschenwelpen. Das lässt sich anhand der Balztheorie nachweisen: Alle Tiere, die einen ersten sexuellen Kontakt suchen, lernen automatisch, sich attraktiver zu machen als sie sind. Nur der Säuger Mensch soll genau in diesem Augenblick Pickel, Speckrollen, fettige Haare und einen deformierten Körperbau bekommen? Das kann nicht sein. Die Natur ist manchmal grausam, aber sie ist keine Comedyshow.

Wehret den Anfängen! Wer der weitverbreiteten Unart, seinen Nachwuchs zu jedem noch so nahen Ort der Welt zu chauffieren, nicht spätestens in der Pubertät Einhalt gebietet, der muss sich nicht wundern, dass die eigene Mobilität des Adoleszenten für immer verkümmert und sich parallel die Erwartungshaltung in Bezug auf Art, Umfang und Komfort der Transportleistungen bis ins Maßlose steigert.

wusstseinstrübungen dieses Ausmaßes und Aggressionsschübe blitzkriegähnlicher Heftigkeit als Voraussetzung für so etwas Profanes wie Sex programmieren. Ginge es nur darum, kämen Jenny und Pascal einfach eines Morgens mit Brüsten und Bart aus ihrem Zimmer und würden ohne Umschweife versuchen, sich gegenseitig an die Wäsche zu gehen.

Die Erklärung für das absurde Verhalten unserer Jungtiere zwischen dem 11. und 16. Lebensjahr hat also einen völlig anderen Grund: Es ist der deutliche Befehl von Mutter Natur an die Elterntiere, die ausgewachsenen Nesthocker endlich aus dem Bau zu schmeißen, auf dass sie sich alleine in der rauen Welt des Erwachsenseins bewähren – oder untergehen. Menschen sind nun einmal Langbrüter, die ohne dieses drastische hormonelle Wachsignal wahrscheinlich bis an das Ende ihrer Tage der Nachkommenschaft das Essen kochen und die Klamotten bügeln würden. So gesehen erfüllt die Pubertät gerade für uns Eltern einen wichtigen Sinn, weil sie uns mit ihrer oft geradezu abstoßenden Fratze davor bewahrt, ein Leben lang für die selbst gezeugte Mischpoke buckeln zu gehen.

Ein evolutionärer Trend, der derzeit in den Industriestaaten auftritt, gibt allen Grund zur Sorge. Ähnlich dem Saurier, bevor er ausstarb, pumpen sich unsere Nachgeborenen von Generation zu Generation absurden Fleischbergen auf, in denen das Gehirn oft eine verschwindende Nebenrolle zu spielen scheint.

Den Vorwurf der gezielten Degeneration unserer Jugendlichen an die Ernährungsindustrie, und die großen Fastfoodketten durchzureichen, greift sicher zu kurz. „Pizza macht PISA" – das ergibt nicht wirklich einen Sinn.

Krank machende Umwelteinflüsse wie Jamba, Neun live und Bushido potenzieren die hormonelle Nervenerkrankung auf das uns heute bekannte Niveau zwischen Tourette-Syndrom und Urmenschgehabe. Was auch immer die Pubertät auslöst: Zur Menschheitsgeißel wird diese Krankheit nur, wenn man ihr nicht rechtzeitig entschieden entgegentritt!

Dick, agressiv, geistig unterentwickelt: Die Parallelen sind erschreckend! Führt das Fressverhalten unserer Teenager uns direkt zu den Ursachen des Aussterbens der Dinosaurier? Sind prähistorische Vorstufen von Whopper und Coke damals wie heute verantwortlich für den Niedergang einer ganzen Art?

Erste Anzeichen des Befalls

Während die ersten zwölf Jahre des Zusammenlebens mit dem Wurf im eigenen Bau unproblematisch, manchmal sogar possierlich und erheiternd sein können, verändert sich das Jungtier mit dem Einsetzen der ersten Schübe von *Pubertarias vulgaris* über Nacht auf dramatische Weise. Das Winden vor dem Gute-Nacht-Küsschen, die Ablehnung der Winnie-Pooh-Sporttasche fürs Fußballturnier, das schlichte Verweigern des bewährten Scout-Schultornisters mit Eintritt in die gymnasiale Oberstufe sind erste ernst zu nehmende Anzeichen des einsetzenden Befalls.

Warum es keine Pubertätsfrüherkennungstests gibt, bleibt das Geheimnis der Pharmaindustrie. Darum empfiehlt es sich, ab dem zehnten Lebensjahr einen Kontrollbogen zu führen, der Frühsymptomatik erkennen hilft und so mildernde Gegenmaßnahmen rechtzeitig ermöglicht.

Lassen Sie sich beim Pubertätswatching nicht von imitierenden Handlungen und Verhaltensweisen ihres Kindes irritieren. Das Rauchen eines Joints ist noch lange kein Beweis für einen Hormonüberschuss. Denn solange der kleine Racker sich dabei fotografieren lässt, können sie sich getrost entspannen. Der süße Bengel macht wieder mal nur den Nachbarsjungen nach.

Habe ich das richtige
Einfühlungsvermögen
für Teenager?

Ihr Kleines liegt seit Stunden, durch Drogen geschwächt, bewusstlos im Zimmer.
Wie handeln Sie?

a) Ich rufe verzweifelt den Notarzt, wache Tag und Nacht am Krankenbett meines armen Kindes und versuche dann einfühlungsvoll mit der jungen Dame über ihren Drogenkonsum zu sprechen, wenn es ihr wieder bessergeht. Dass es ihr besser geht erkenne ich daran, dass sie mich wieder als Bitch beschimpft und in der Küche mit der Freundin Marihuana raucht.

b) Ich nutze die Gelegenheit und kette das Kind mal an die Heizung. Liebevoll natürlich, einfühlsam und mit der echten Absicht, es auch wieder loszumachen. Mit 18 oder 20, je nachdem, wie lange der böse Dschin "Pubertät" in Körper des Heranwachsenden zu toben gedenkt. In dieser Zeit ist Raum für verständnisvolle Gespräche, die dadurch erleichtert werden, dass der Mund des Teenagers mit Isolierband zugeklebt ist.

Ihr Kind trägt in letzter Zeit auffallend teure Kleidung, hat ständig wechselnde Handymodelle und fährt morgens statt mit dem Bus mit dem Taxi zur Schule.
Wie reagieren Sie?

a) Ich bin erstaunt, wie viel Geld man heutzutage mit Zeitungen austragen verdienen kann, und freue mich für den kleinen Schatz!

b) Ich steige in den Schutzgelderpresserring ein, fordere 20 % aller Einnahmen und gebe dafür der Polizei falsche Tipps, damit die miese linke Assel weiter ranschaffen kann.

Ihr Kind bringt zum Schuljahresende ein Zeugnis nach Hause, dass nicht nur vor Einsern, sondern auch von Schreibfehlern nur so strotzt: Mattematikk Eihns, Doitsch Ainß, Änglsch Zwai Pluhs. Dazu erinnert der Stempel der Schule verdächtig an einen Kartoffeldruck.
Was schließen sie aus diesem Zeugnis?

a) Ich fotokopiere das Dokument und sende es mit einem geharnischten Brief zum Thema Bildungsoffensive an das Schulamt und meinen Abgeordneten: Was der Staat mir und vor allem meinem offensichtlich hochbegabten Liebling hier anbietet, ist doch unter aller Kanone.

b) Ich zeige das Balg an und hoffe auf drei Jahre Jugendstrafe wegen Urkundenfälschung, dann ist die Nervensäge für die schlimmste Zeit ihres Lebens sicher untergebracht.

Lösung a)

Ihre Beziehung zu Ihrem Kind ist völlig intakt. Sie werden Ihrem Schützling immer ein sicherer und schützender Hafen sein, auch wenn die kleine Kanaille später wegen mangelnder Disziplin eine Lehrstelle nach der anderen schmeißt und zur Deckung des eigenen Finanzbedarfs alten Omas die Handtasche klaut. Dieses Kind weiß immer ganz genau: Mami hat mich trotzdem lieb!

Lösung b)

Sie haben Kinder in die Welt gesetzt. O. k. das war ein Irrtum. Aber immerhin sind sie dazu bereit, den Kampf mit der Schimäre aufzunehmen und nicht noch einen willenlosen Faulpelz auf die Wartebänke der Arbeitsämter zu erziehen. Trotzdem Vorsicht bei der Anwendung von körperlicher Gewalt: Sie ist zu Recht streng verboten.

Körperliche Symptome einer Kinderkrankheit

Es ist mitunter nicht ganz einfach, das Einsetzen der Pubertät zum rechten Zeitpunkt zu erkennen. Gerade Eltern, die bereits eine Erkrankung im Haushalt durchlebt haben, neigen zu nachgerade hysterischen Frühreaktionen auf eigentlich harmlose, beinahe menschliche Verhaltensweisen eines Kindes.

Eine Drei im dritten Schuljahr in Handarbeit muss nicht zwangsläufig dem krankheitstypischen Leistungsknick geschuldet sein. Trotzdem lohnt es sich durchaus, schon sehr früh Strafmaßnahmen am Kinde auszuüben. Dies dient in der Hauptsache der eigenen Abhärtung. Man übersteht die Verhängung eines zweijäh-

Auch wenn der Verdacht naheliegt: Diesem Schreianfall eines weiblichen Menschenjungen liegen noch keinerlei pubertäre Hormonstöße zugrunde. Mädchen sind einfach so. Wenn Ihnen das schon an den Nerven zerrt, dann Gnade ihnen Gott! Besser Sie versuchen frühzeitig, das drohende Desaster durch Abgabe der Blage (Vergessen bei Verwandten, Aussetzen an der Autobahn) abzuwenden.

rigen Hausarrestes an der eigenen Tochter viel entspannter, wenn man sich selbst schon im präpubertären Erziehungsvorlauf in gewissenloser Härte geübt hat.

Noch vor den ersten Verhaltensauffälligkeiten sind es die Signale körperlicher Veränderung, die auf den bevorstehenden Hormonbefall hinweisen. Ähnlich wie bei Mumps und Masern, manifestiert sich auch Pubertät durch deutliche, das Äußere des Kindes oft entsetzlich entstellende Krankheitsmale. Der Körper des Adoleszenten verliert jede Spannkraft und windet sich bei der Fortbewegung gallertartig um das plötzlich stark gekrümmte Rückgrat. Diese entsetzlichen Deformierungen empfinden die kranken Kinder als „cool", was nur beweist, mit welch ungeheurem Tempo die Hormonanomalie nicht nur den Bewegungsapparat, sondern auch das Hirn angreift.

Das völlige Erschlaffen der Gesichtszüge ist auch nicht Resultat eines Gehirnschlags, sondern der todpeinliche Versuch, entschlossen bis latent aggressiv zu wirken. Dieser bittere Trugschluss wird ebenfalls als lässig und gutaussehend empfunden. Wie radikal die Sinnestrübungen von Teenagern gleich von Beginn der Krankheitskarriere Pubertät sind, zeigt sich hier besonders deutlich: Eigentlich therapiebedürftige Haltungsschäden werden als schön, gar als ästhetisch wahrgenommen und sogar durch Stoffreste, die in dieser Zeit als Kleidung dienen, an den unvorteilhaftesten Stellen unterstrichen. Den Angriff auf unsere geschmacklichen Grundfesten, den ungezählte Teenie-Mädchen mit einem Bauchfrei-T-Shirt und dem hier herauslappenden Speckrollbraten täglich durchführen, kontern ihre männlichen Mitpatienten durch Hosen, die neben einer Bit-Copa-Wampe auch noch den degenerierten Geschmack in Sachen Herren-Unterwäsche freilegen.

Ein Blick, der ihnen alles verrät. Hier ist eine Jugendliche im Hormonrausch, bereit, mit Ihnen einen gewaltigen Krieg auf dem Schlachtfeld Ihrer Nerven durchzuführen. Denken Sie daran: Angriff ist die beste Verteidigung. Geben Sie Ihrem Kind jetzt aus heiterem Himmel einfach mal Hausarrest, auch dann, wenn es scheinbar friedlich ist. Das wird den Teenager komplett irritieren und ihn lange davon abhalten, Angriffsstrategien zu entwickeln.

Während die meisten Krankheiten mit derartigen Hautausschlagsymptomen eine strenge Quarantäne mit sich bringen, verhält sich die WHO beim Kampf gegen Pubertäts-Akne merkwürdig passiv.
Dabei ist es nach wie vor nicht wissenschaftlich widerlegt, dass Pubertät eine hochinfektiöse Viruserkrankung ist, mit der sich Jugendliche seit vielen tausend Jahren untereinander anstecken.

Ähnlich dem Wundstarrkrampf, verbiegt die Pubertät den Körper auf oft absurde Weise. Bei voller Ausprägung des Krankheitsbildes entsteht ein Wirbelsäulenschiefstand, der zu Trichterbrust und Verkrampfungen in der Schulterpartie bis hin zu einer botoxähnlichen Lähmung der Gesichtszüge führt. Dass dies nicht als schmerzhaft empfunden wird, lässt sich durch die gewaltigen Hormonausschüttungen erklären, die die Sinne vernebeln und erst im Abstand der Jahre Scham und Entsetzen über die eigene Deformation in der Pubertät zulassen.

Pubertät pur: der fast rührende Kinderblick, mit dem jämmerlichen Versuch irgendwie gefährlich auszusehen. Die verschränkten Arme sind Symbol der sinnfreien Generalverweigerung, der viele junge Menschenkinder in dieser Phase der biochemischen Selbstvergiftung anheimfallen. Hinter den geschlossenen Lippen verbirgt sich allerdings keine besondere Attitüde, sondern lediglich eine Zahnspange, die von allen Teenies zu Recht als abstoßend und unattraktiv empfunden wird.

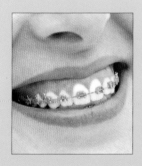

Die Zahnspange ist kein medizinisches Richtinstrument, wie es seit vielen Jahren vermutet wird, sondern die Rache eines mexikanischen Dentisten an seinen 12- und 14-jährigen Töchtern, deren Generve und Getrödel vor dem Badezimmerspiegel mit dem Einsetzen der Metallklammer ein tränenreiches Ende nahm. Seitdem verordnen zahnärztliche Vereinigungen gerne Spangen, um die Eltern beim Einbau ihrer Dritten als dankbaren Kunden zu gewinnen.

Ist die Zahnspange also eher für das Kind als für uns Erwachsene eine ästhetische Zumutung, so sind die Versuche von Teenie-Mädchen, ihren Babyspeck in zu kleine Hosen zu pressen und trotzdem bauchfreie Tops zu tragen, ein ernster Angriff auf die Befindlichkeit der Umwelt.

Pubertätscheck.

Ersterkrankung
rechtzeitig erkennen!

Wie werden Sie von Ihrem Kind genannt?

a) Herr Vater, Frau Mutter.
b) Mama, Papa.
c) Alda!

Womit haben Sie das letzte Mal Erdbeermarmelade aus dem Gesicht Ihres Kindes entfernt?

a) Mit meiner Spucke.
b) Mein Kind kann im Gesicht tragen, was es will.
c) Wisch disch selba, Alda!

Wann geht Ihr Kind zu Bett?

a) Nach dem Sandmännchen.
b) Wann es möchte.
c) Morgens um acht, in der Penne.

Wer kauft die Kleidung Ihres Kindes?

a) Das Kind trägt nur Selbstgemachtes.
b) Wir machen das zusammen.
c) die Alden von den Losern auf dem Schulhof.

Was macht Ihr Kind sonntagsmorgens um 9 Uhr?

a) Es betet.
b) Es schläft.
c) Spice in die Shisha, und dann chillen, Alda!

Welche Hobbys hat Ihr Kind?

a) Film noir, Flöte, Fechten.
b) Fernsehen, Fußball, Fix & Foxi.
c) Wow, Basketball zocken, und überhaupt so abhängen, Alda!

Welche Veränderungen haben Sie in letzter Zeit an Ihrem Kind bemerkt?

a) Es bummelt ein wenig bei der Übersetzung der Karl-May-Bücher ins Altgriechische.

b) Es schminkt und/oder es rasiert sich.

c) Nix geändert, als voll entspannt, Alda! Aber die Alden, boah, echt 'ne Prüfung, die nerven voll ab!

Was ist die derzeitige Leibspeise Ihres Kindes

a) Nach wie vor gedünsteter Fisch auf einem Kohlrabibett.

b) Pommes, Pizza.

c) Egal, viel halt, Alda!

Auswertung:

Mehrheitlich a)

Keine Anzeichen. Außerdem dürfte der Gipfel der Pubertät bei Ihrem Schützling mit einem zornigen „Cicero ist doof!" erreicht sein. Vielleicht schlägt die Kreatur als Erwachsener seine Frau, leidet unter Bulimie oder trägt nach Dunkelheit Frauenkleider. Aber das braucht sie dann nicht mehr zu scheren. Vorbildlich. So geht das!

Mehrheitlich b)

In ihren vier Wänden stehen die Zeichen auf Sturm. Sitzenbleiben, Alkoholexzesse, Schwangerschaft mit 14 … Das alles nur aus falsch verstandener Liebe zum Kind. Schlagen Sie das Ruder um. Noch ist es nicht zu spät!

Mehrheitlich c)

Seit wann lesen Teenager Ratgeberbücher. Nur weil das hier mit bunten Bildern ist, lohnt es sich nicht, hier weiterzublättern, Spacko. Es gibt weder Pornos noch krasse Gewalttaten. Guck lieber noch 'ne Jack-Ass-DVD. Oder Zen of Screaming.

Achten Sie auf auf körperlichen Veränderungen!

Gebeugter Gang, oft einhergehend mit krampfartigen Verhärtungen der Hände, die deshalb selbst zum Essen kaum aus den Taschen genommen werden können.

Verhaltenstipp Verstecken Sie Elektroschocker oder andere Scherzartikel in den Hosentaschen und erfreuen Sie sich an den Versuchen Ihres ehemaligen Kindes, trotz schmerzhafter Stromschläge weiter die Flossen in der Hose zu vergraben!

Entgleiste, beinahe totenstarre Gesichtszüge, die dem Welpen ein aggressives Aussehen verleihen sollen.

Verhaltenstipp Lachen Sie nicht darüber, zumindest nicht ununterbrochen. Veranstalten Sie lieber in der Verwandtschaft Doppelgängerwettbewerbe, „Gucken-wie-Lisa" etwa und stellen Sie die Fotos auf ein Internetportal.

Sitzprobleme, besonders bei Tisch oder anlässlich der Verrichtung intellektueller Aufgaben. Das kranke Kind muss, wohl durch eine temporäre Muskelschwäche im Nackenbereich bedingt, den Kopf aufstützen, was noch mehr die Lächerlichkeit seiner versucht überheblichen Physiognomie unterstreicht.

Verhaltenstipp Schaffen Sie Sitzgelegenheiten für den Teenager ab und zwingen Sie ihn so, stundenlang gerade zu stehen. Das ist nicht nur ein tolles Korrektiv für die Haltungsschäden, sondern macht aus der Zickzelle auch ein prima Möbelstück, an dem sich etwa ranzige Handtücher und verschmutzte Wischlappen prima zum Trocknen aufhängen lassen.

Das kommt Ihnen zu hart vor?

Das sind nur die Reste Ihres Beschützertriebes, die Sie nun, da das Küken flügge wird und mit Gewalt aus dem Nest geworfen werden will, unbedingt loswerden sollten.

Versuchen Sie es mit einem Videotagebuch und filmen Sie einfach die zahlreichen Ausbrüche und eklatanten Fehltritte ihrer Brut. Das wird Ihnen helfen, immer die goldene pädagogische Regel der Teenie-Erziehung einzuhalten:

ACHTUNG! BEACHTEN SIE IMMER DIE GOLDENE PÄDAGOGISCHE REGEL DER TEENIE-ERZIEHUNG!

Wer Türen knallt und Scheiße schreit, der hat verdient kein Mitleid!

Kranker Geist in einem kranken Körper – Was Hormone mit der Psyche Ihres Kindes anstellen

Körperliche Symptomatik alleine würde die Pubertät nicht

zu der Menschheitsgeißel machen, die sie gerade heutzutage für Erziehungsverpflichtete geworden ist. Im Gegenteil: Die ganze Gottesstrafe aus Ausschlag, Körperkrümmung und verschiedenen Gesichtslähmungen würde sicher unser Herz zutiefst berühren, wenn nicht auch der Geist unserer Kinder befallen wäre und tausend Teufel von der Zunge und dem Verstand der Halbwüchsigen Besitz ergriffen hätten! Das Hauptproblem dieser schweren Kinderkrankheit ist definitiv die getrübte Selbstwahrnehmung einerseits und die völlige Unfähigkeit, die Umwelt auch nur noch halbwegs realistisch einschätzen zu können.

Der plötzliche Hormonschock löst die immer gleichen Halluzinationen aus:

Das bisher als geordnet und harmonisch, empfundene Lebensumfeld erscheint dem Teenager erst als dröge und einengend, später gar als feindselig und vernichtungswürdig.

Die sorgenden Eltern, bisher Lebensmittelpunkt und akzeptierte letzte Instanz in allen Lebenslagen und -fragen, erscheinen dem von den körpereigenen Drogen völlig berauschten Kind ohne jeden Grund auf einmal als beschränkt, verklemmt, ahnungslos bis dumm, borniert und gestrig, kurz: entsorgenswert. Diese Einschätzung von älteren (also älter als sechzehn) Mitbürgern macht nicht bei Vater und Mutter halt. In kürzester Zeit wird alles, was als „erwachsen" wahrgenommen wird, mit tiefster Verachtung gestraft.

Im Gegenzug empfindet der Teenager sich und seinesgleichen nun als eine Art Übermensch, der in geradezu göttlicher Kenntnis der Welt und ihrer Zusammenhänge vor Kraft kaum laufen kann (Jungen), oder aber aufgrund des über Nacht gewonnenen Allwissens, die Welt allgemein doof und alles im direkten Umkreis von zehn Metern besonders doof findet (Mädchen).

Aus dieser furchtbaren Fehleinschätzung der Realität entspringt der Konfliktstoff, der Eltern und Kinder über Jahre hinweg in einen pädagogischen Stellungskrieg zwingt, der oft genug erst mit dem Auszug des befallenen Nachwuchses endet und sein letztes Kapitel 15–20 Jahre später erlebt, wenn sich die nunmehrigen *Groß*eltern beim Verziehen der Kinder ihrer Kinder für die zahlreichen erlittenen Nervenattaken schadlos halten.

Schulprobleme, Liebeskummer, Straffälligkeit: Wenn Ihr Teenager mal wieder das volle Programm auffährt, lachen Sie ihn doch ruhig mal eine Runde aus! Lachen befreit, setzt Glückshormone frei und ist deshalb gut für die Seele – zumindest für Ihre!

Umfassende Früherkennung

Testen Sie den Grad der kindlichen Verstrahlung!

Kennt Ihr Kind die Namen der Kinder von Sarah Connor?

☐ ja
☐ nein

Trinkt Ihr Kind Alkohol? – Und zwar neuerdings hauptsächlich außerhalb von geschlossenen Räumen?

☐ ja
☐ nein

Sogar dann, wenn es schneit?

☐ ja
☐ nein

Ist das Hauptargument für Ausgangserlaubnis: „Alle anderen sind auch da"?

☐ ja
☐ nein

Ist Ihr Kind jeden Tag in der Innenstadt, obwohl es da gar nichts Richtiges zu tun hast?

☐ ja
☐ nein

Ist es immer der gleichen Meinung wie seine Freunde oder Freundinnen, aber nie Ihrer Meinung?

☐ ja
☐ nein

Hasst Ihr Kind die Musik, die Sie gerne mögen?

☐ ja
☐ nein

Hat es ein Poster von einem Popstar in seinem Zimmer hängen?

☐ ja
☐ nein

Benutzt es ;-) oder %-) in seinen SMSs?

☐ ja
☐ nein

Wechselt Ihr Kind das Logo seines Handys wenigstens einmal pro Monat?

☐ ja
☐ nein

Kosten die Kurzmitteilungen mehr als die Gespräche?

☐ Ja
☐ nein

Mehrheitlich ja: Sie haben dieses Buch keine Sekunde zu früh aufgeschlagen! Vielleicht ist es noch nicht endgültig zu spät. Machen Sie die Posterprobe und entfernen Sie die beknackten Rockstar-Bilder, die seit neuestem das Jugendzimmer so verunstalten, und rekonstruieren Sie den Urzustand mit den hübschen Plakaten von Bambi und der Monster-AG. Nimmt Ihr Kind das unter leisem Protest zur Kenntnis, haben Sie noch eine Chance. Beschimpft das Wesen Sie aber, oder droht es gar mit Gewalt, sollten Sie Sofortmaßnahmen ergreifen, wenn Sie nicht zur Geisel im eigenen Haus werden wollen. Hausarrest, Internetverbot, Taschengeldsperre, TV- und Handyentzug.

Mehrheitlich nein: Ihr kleiner Engel ist immer noch der süße Schatz, der Ihr Leben so bereichert. Sorgen Sie dafür, dass es so bleibt! Erklären Sie Ihrem Kind, wie doof Handys und gleichaltrige Kinder sind, das Rapmusik vom Teufel kommt, der alle holt, die sich dieses Gekreische anhören, dass das Internet gefährliche Strahlen aussendet, von denen einem beim Grimassenmachen das Gesicht stehenbleibt. Auch wenn nicht jede dieser Maßnahmen nachhaltig greifen wird, irgendetwas bleibt bestimmt im Anzug hängen. Den Versuch ist es zumindest wert.

Das Lexikon der Teenieformeln, Teil 1, A–G

A

Alda. Beliebte Begrüßungsfloskel, gerne durch dem Zusatz: *Was geht?*, ergänzt. Der Redewendung wohnt die Sehnsucht inne, die grässliche Prüfung der Pubertät endlich überstanden zu haben, in dem furchtbaren Irrglauben, danach automatisch so ein Typ zu werden wie Vitali Klitschko oder Sarah Connor.

TIPP: Nutzen Sie die Möglichkeit, Ihr Kind im Kreise seiner Freunde auch mit „Alter" zu begrüßen. Sie erzielen damit zwei Erfolge: Erstens wird Ihr Nachwuchs sich in Grund und Boden schämen, zweitens werden seine Freunde Sie irgendwie cool (siehe c) finden, was eine noch viel schlimmere Strafe für Ihren kleinen Hausfeind ist!

B

Buddy. Siehe Alda.

C

Cool. Eine Mischung aus Extravaganz, Lässigkeit und Souveränität. Kurz, etwas, das ein Teenager niemals sein kann! Ein herrliches sprachliches Paradoxon bildet die Redewendung: *Cool, Alter!*

Chillen. Teenager-Deutsch für die Neigung, absolut nichts zu tun. Weil chillen so furchtbar cool ist, sollten Sie Ihrem Kranken genügend Zeit dafür einräumen: Täglich, nach 19 Uhr, nach dem Sandmännchen. Dann geht es eben nicht mehr in die Heia, sondern halt in die *Poofkuhle* zum *Wegchillen*. Besorgen Sie eine Spieluhr mit Hip-Hop-Musik von Bushido, dann verändert sich für Sie selbst so gut wie gar nichts in der Brutpflege.

D

DSDS. Ein von Teenie-Eltern völlig unterschätztes pädagogisches

Format, in dem der großartige Dieter Bohlen, in seiner Paraderolle als der ewige Twen, hemmungslos, ungehindert und sogar auch noch gegen eine fette Bezahlung, vor einem Millionenpublikum Jugendliche reihenweise mit Beschimpfungen niedermacht, dass einem nur so das Herz aufgeht. **TIPP:** Reden Sie Ihrem Kind ein, es könne singen, und schicken Sie es zu einer dieser Castingshows, wo es von Holzhammerpädagogen wie D! Soost und D! Bohlen so fertiggemacht wird, dass es auf Attacken auf Ihr Nervenkostüm für lange Zeit keine Lust mehr hat.

E
Eltern. Das sind Sie. Spießig, langweilig, abtörnend, nervig, abgefuckt, ätzend, Spaßbremsen – und das ist noch das tageslichttaugliche Vokabular, mit dem Sie hinter Ihrem Rücken von den Nattern bezeichnet werden, die Sie so fürsorglich an Ihrer Brust genährt.

TIPP: Versuchen Sie Ihrem Klischee gerecht zu werden. Sie wissen doch: Ist der Ruf erst ruiniert, quält sichs reichlich ungeniert!

F
Flirten. Dank der segensreichen Erfindung des Internets ist das Flirten zu einer rein virtuellen Tätigkeit verkommen, dass sich in sogenannten *Chat-Rooms* vollzieht und darum andere, weit folgenreichere Aktivitäten mit F durch räumliche Distanz verhindert.

G
Gute Noten. Es ist ein Fehler unseres Schulsystems, Menschen im permanenten Drogenrausch eine bewertbare Leistung abzuverlangen. Es sollte reichen, dass sie täglich zur Schule kommen, bis zum vereinbarten Ende dort bleiben und in dieser Zeit niemanden verletzen, ausrauben oder sexuell belästigen. So sehen das zumindest die Teenager.

2. Dan: Drüsenfieber

Entstellt und wahnsinnig – das Monster, das aus dem Kinderzimmer kam.

Jeder erwachsene Normalbürger, der schon frühmorgens am Frühstückstisch mit der optischen und akustischen Provokation Teenager konfrontiert ist, wird sich mehrmals täglich die verzweifelte Frage stellen: WAR ICH ALS KIND DENN AUCH SO Sch... ja: SCHEISSE? Um es gleich und ohne verschönernde Umschweife zu sagen: NEIN!

Okay, zugegeben: Auch wir, die Elterngeneration, sind mit dreizehn schon mal nachts um drei stinkbesoffen nach Hause gekommen – aber doch nie öfter als zweimal die Woche! Und natürlich haben auch wir versucht, den 1a roten Libanesen unserer Mutter als Harttonknete für den Kunstunterricht unterzujubeln. Aber keiner von uns hat den Beutel Amphetamine dreist als Süßstoff auf den Frühstückstisch gestellt!

Und natürlich haben wir auch mal eine Parkbank oder ein Auto umgeworfen, und dachten, wir wären eine Einheit direkt aus der Hölle – aber deswegen haben wir die Sachen doch nicht gleich mitsamt dem umgebenden Stadtviertel in Brand gesetzt!

Was haben wir es früher krachen lassen! Wild, hemmungslos, aber immer im Hinterkopf, dass um 20 Uhr alles aufgeräumt sein muss ... und trotzdem hatten wir doch unseren Spaß, oder?

Warum unsere eigenen Kinder allerdings jeden Bezug zu gesitteter, geselliger Fröhlichkeit, zur übermütigen Sause mit Luftschlangen, Perücken und Witzkassetten von Fips Assmusen verloren, bleibt ein Rätsel.

Auch beim Thema Ordnung gab es sicher in unserer Jugend durchaus differente Ansichten mit den Altvorderen (etwa, ob Schimmelpilze Gottes Geschöpfe und damit schutzbedürftiges Leben sind ...).

Doch das war doch nur Pillepalle gegen die fortschreitende Verslumung, der wir uns heute in unseren Wohnungen durch Teenager ausgesetzt sehen!

Katastrophe Kinderzimmer: Zwischen mehreren Schichten aus ungewaschenen Klamotten haben sich in diesem Reihenhaus in G. Fast-Food-Reste mit vermodernden Cannabispflanzen im Gärungsprozess mit Dosenbier zu einer Biobombe mit der Sprengkraft von 1 t TNT entwickelt. Fachleute sprechen vom Hiro-Shisha-Effekt, weil oftmals die Zündung einer Wasserpfeife inmitten dieser Geröllhalde den entscheidenden Funken zur Explosion liefert.

Was können Eltern wirklich tun?

Wer ehrlichen Blickes in die Geschichte der Kindererziehung schaut, wird feststellen: Pubertierende waren ihren Elterntieren noch nie sonderlich geheuer. Das Bedürfnis, diese emotional instabilen wandelnden Zeitbomben einfach für ein paar Jahre irgendwohin loszuwerden, ist offenbar ein tief verwurzelter menschlicher Reflex auf die Verhaltensstörungen menschlicher Welpen in der Umbruchsphase zum Erwachsensein.

Gesellen auf der Walz, mit Lehrgeld subventionierte Ausbildungsstellen in fernen Städten, Internate: Alles das zeigt den Erfindungsreichtum von Eltern, wenn es darum geht, den Pickelpöbel aus dem Haus zu kriegen.

Leider hat sich diesbezüglich die Welt nicht gerade verbessert. Internate sind oft nur für Leute er-

Ausbildung im Ausland macht sich nicht nur gut im Lebenslauf, es ist auch eine ungeheuer effektive und nutzbringende Möglichkeit, den Schweineigel aus dem Kinderzimmer zumindest für die schlimmste Zeit der aktiven Hormonstörung nachhaltig loszuwerden. Beliebt, weil mit einer vorzeitigen Heimkehrchance von praktisch null Prozent, sind Jahrespraktika im Bauingenieurwesen Alaskas (links) oder eine nautische Hospitanz auf dem Stillen Ozean (rechts).

schwinglich, die ihre Blagen aufgrund ausreichender Nanny- und Au-pair-Betreuung sowieso nur einmal im Monat zu Gesicht bekommen. Lehrstellen mit Unterbringung gibt es nur noch im Jugendstrafvollzug, und selbst wenn man etwas auf dem freien Markt fände, wäre das zu zahlende Lehrschmerzensgeld an den Ausbilder wohl so hoch, dass man wieder auf ein Internat zurückgreifen könnte.

Liebe und Verständnis, Einfühlungsvermögen und Gesprächsbereitschaft bleiben darum unsere einzigen stumpfen Waffen im Umgang mit diesen temporär geistesgestörten Wesen, die einstmals unsere geliebten Kinder waren. Leider haben viele von uns verlernt, diese Waffen richtig und konsequent einzusetzen.

Verantwortungsvoller Umgang mit Pubertierenden beginnt schon bei der richtigen Unterbringung. Helle Räume, angefüllt mit elektronischen Unterhaltungsgeräten und freiem Zugang für die sich Clique oder Gang nennende Horde zeitgleich Miterkrankter (hier links) suggeriert ein späteres Leben, in dem man ohne Sorgen ununterbrochen Spaß haben wird. Geben Sie Ihrem Kind die Chance, eine realistischere Einstellung zur Welt zu entwickeln. Es gibt spannende Raum-in-Raum Wohnkonzepte wie hier das Modell Alcatraz, in denen Kinder wesentlich besser auf ihre Zukunft vorbereitet werden können.

Wie nähere ich mich dem Bösen? Was hält mein Kind von mir, und wie zahle ich es ihm heim?

Die Auseinandersetzung mit der Gefühls- und Wahrnehmungswelt dieser eitrigen Nervensägen hat etwas von dem Versuch, die Tripberichte eines LSD-Konsumenten nicht nur anzuhören, sondern obendrein auch noch ernst zu nehmen.

Die Welt, in die unsere Welpen mit dem Einsetzen der Pubertät eintauchen, ist bizarr und von geradezu widernatürlicher Absurdität. Entgegen aller darwinistischen Lebensregeln beginnt nämlich das noch völlig unterentwickelte Menschenjunge mit dem ersten Hormonausstoß in ausgerechnet *jene* Hand zu beißen, die es nährt! Ein in der Natur einmaliges Verhalten von unerhörter Dämlichkeit. Dass es trotz dieser Fehlsteuerung überhaupt noch Menschen auf der Welt gibt, füttert die Theorie,

dass die Pubertät im Grunde eine Zivilisationskrankheit ist, die erst mit der Industrialisierung ausgebrochen ist.

Wie gut, freundschaftlich und respektvoll die Aufzucht Ihrer Brut bis gestern noch verlaufen sein mag: Mit dem ersten Pickel sind Sie der Feind. Und das ist noch zu nett gesagt. In den Augen der Kreatur, die eben noch Ihr Kind zu sein vorgab, sind Sie nichts als Ausschuss, Abfall, Asbach Uralt. Da können sie Motörhead-T-Shirts tragen, so viel Sie wollen: Für das Hormonikel sind Sie ab sofort der Inbegriff der Gestrigkeit.

Kein schönes Gefühl, eben noch auf dem Sockel grenzenloser Bewunderung, jetzt nur noch Tinnef in der Gosse musealer Altlasten zu sein. Aber es kommt noch dicker, denn vor allem sind Sie

Da hilft auch nichts, Bart und Haare zu tragen wie James Hetfield von Metallica: Für Ihre 14-jährige Tochter sind Sie einfach nur noch ein durchgeknallter Opa, der sich nicht entblödet, sein peinliches Verhalten auch noch auf Fotos für die Nachwelt zu erhalten.

für die Natter, die Sie aus Ihrem Kühlschrank so treulich gefüttert haben, eines: Sie sind ... **PEIN-LICH!** So peinlich, dass das Balg nicht mehr mit Ihnen auf einer Straßenseite gehen mag, ach, sich nicht mehr im selben Ortsteil, Kontinent und Sonnensystem mit Ihnen befinden möchte.

Aber daran darf man nicht ver-

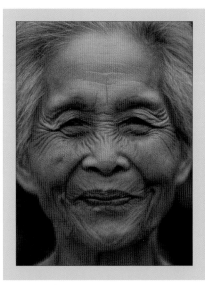

Jahrelange Forschung hat erfolgreiche Mittel zur Überwindung der pubertären Hormonstöße hervorgebracht, die leider wegen ihrer Nebenwirkungen noch keine Zulassung erhalten haben. Unverständlich, denn diese 14-jährige Probantin erfreut sich bester Gesundheit und einer Lebenserwartung von mindestens weiteren 10 Jahren. Elternverbände und Mittelstufenlehrer in ganz Europa prangern deshalb die Behandlungsverweigerung gegen *Pubertaria simplex* mit einem Aging-Mittel auf das Schärfste an.

zweifeln. Dieses in sich verbogene, verpickelte Bündel Leben, das einmal Ihre Sonne war, ist Opfer seiner eigenen Drüsenüberfunktionen und der Tatsache, dass Staat und Forschung hier nicht regulierend eingreifen. Kein Medikament auf der Welt hätte schließlich den Nobelpreis mehr verdient als die Verhütungspille gegen Pubertät. Solange es diese überfällige Medizin nicht gibt, helfen verschiedene mentale Übungen, dem ganzen Desaster aus einer psychologisch tiefenentspannten Grundhaltung entgegenzutreten:

Basismantras für eine mentale Grundentspannungshaltung im täglichen Umgang mit dem Teen Rex

✸ Versuchen Sie es mit Verständnis, und stellen Sie sich vor, wie es sich anfühlt, jeden Morgen mit der immer schneller fortschreitenden Deformierung ihres Körpers fertigwerden zu müssen!

✸ Vergegenwärtigen Sie sich das entsetzliche Erlebnis, täglich im Spiegel in die frisch aufgeworfene Kraterlandschaft zu blicken, die einmal ein Gesicht war.

✸ Bemühen Sie sich um die Vorstellung, Ihre kostbare Lebenszeit mit denselben obskuren Clowns verbringen zu müssen, die Ihr erkranktes Nachfahr seine „Freunde" nennt!

✸ Ergeben Sie sich der Vorstellung, den ganzen Tag einen betont bescheuerten Gesichtsausdruck vor sich her tragen zu müssen!

✸ Lesen Sie eine Zeitung wie *YAM!* oder *POPCORN,* und zwar von vorne bis hinten, genießen Sie das Gefühl, diese Zeit der Unreife und geistigen Vernebelung lange hinter sich gelassen zu haben!

Psychoskizze Pubertät –
Diese Krankheitssymptome muss ich kennen!

Teenager neigen in der Blüte ihrer Verwirrung dazu, sich für ungeheuer originell und wertschaffend zu halten. Sie überschätzen sich als individuelle Vorreiter in Sachen Geschmack und Lebensstil und glauben, ununterbrochen das Rad neu zu erfinden. In Wirklichkeit verläuft die Pubertät zu allen Zeiten in erschreckend stumpfsinniger Weise immer gleich ab, so gleich, dass Ihnen zum Beispiel die Dr.-Sommer-Seite der *BRAVO* 2009 auf so beängstigende Art und Weise bekannt vorkommen wird, dass Sie sich eines bangen Blickes auf den Namen des Fragestellers nicht werden erweh-

Pubertät auf einen Blick: Poppen, Pickel, Emotionen. Auch wenn sie den Befallenen eine unerhörte Einzigartigkeit ihres Schicksals und in der Welt bisher nicht gesehene Gefühlsdramen suggeriert, ist der Verlauf dieses dumpfen Trauerspiels immer der gleiche. Vorteil: Wir, die davon in Mitleidenschaft gezogenen Erziehungsverpflichteten, können uns in Ruhe auf den Krankheitsverlauf dieser Westentaschentragödie einstellen, die der Patient in den nächsten Jahren durchlaufen wird.

ren werden können. (Hier besteht übrigens kein Grund zur Sorge: Die Briefe an die Aufklärecken in Teeniemagazinen waren schon zur Ihrer Jugend gefaked. Das letzte Update stammt wahrscheinlich aus dem Jahre 1969. Ihre eigenen verwirrten Schreiben aus jener Zeit liegen in einem Archivkeller des BKA, als gesamtgesellschaftliches Belastungsmaterial der Aktion „BRAVO" der IM Smokie, ABBA und Travolta.) Wer es also mit Halbstarken und Backfischen, wie diese entmenschten Giftspritzen früher verharmlosend hießen, im häuslichen Alltag zu tun bekommt, der kann sich auf eine beachtliche Anzahl stereotyper Verhaltensformen einstellen, die sich in den letzten 100 Jahren nicht verändert haben.

Wunsch und Wirklichkeit bei Jungen. Warum sich ein netter, gepflegter Durchschnittsteenager jederzeit und freudestrahlend in einer Kleidungspersiflage, wie im Bild zu sehen, der Lächerlichkeit preisgeben würde, ist nur durch den Hormonschock zu erklären. Allerdings darf Biochemie nicht für alles als Ausrede herhalten. Sollte der erkrankte Welpe über einen längeren Zeitraum hinweg derartige geschmackliche Entgleisungen vorweisen, sollte man über eine Therapie oder einen weiteren Besuch beim Augenarzt nachdenken.

Krankheitsverlauf Pubertät. Die Akne-Monotonie-Konstante im Drüsenfieber

Grundzug der **Jungenpubertät** ist eine fatale Fehleinschätzung des Begriffs *Mann*. Das erste Haar, das das männliche Kind auf der eitrig geschwollenen Oberlippe oder in der blanken Öde sei-

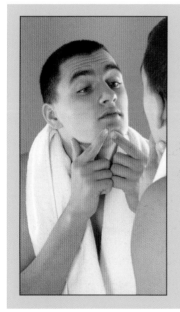

Jugendlicher Westeuropäer im Kampf um das erste Barthaar. Manche dieser eigentlich bedauernswerten Wesen rasieren sich sogar ohne jeden sichtbaren Grund und fügen sich so empfindliche Verletzungen zu – nur weil sie gehört haben, dass Rasieren an sich schon das Bartwachstum fördere! Der in der Zeit der Pubertät sowieso für archaische Riten und Legenden empfängliche Teenager mit männlichem Krankheitsbild bietet so eine breite Fläche für harmlose Späße: Erzählen Sie ihm ruhig, dass das Trinken von Schweinepisse die Stimme tiefer macht oder dass ein Bad in einem Ameisenhügel das Schamhaar nur so sprießen lässt. Seien Sie sicher: Er wird es ausprobieren!

Frühpubertierende Jugendliche bei einem Betäubungsritual. Einer russischen Statistik zufolge ließe sich mit dem jährlich weltweit Erbrochenen von alkoholisierten Teenagern der Baikalsee auffüllen oder ein Kotzeberg in der Höhe des Kilimandscharo aufrichten. Anhand dieser Volumenberechnungen schätzt nun das amerikanische Finanzamt den tatsächlichen Jahresumsatz von Budweiser, McDonald's und Pizza Hut.

ner klapprigen Achseln entdeckt, der gelegentliche Bariton-Ton im Jodelmix des Stimmbruchs, wird durch einen noch nicht entschlüsselten biogenetischen Code als Initialisierung der Männlichkeit fehlinterpretiert.

Der hierzu gehörige Hormonausstoß sorgt für eine Zeitreise in die frühen Morgenstunden der menschlichen Entwicklungsgeschichte. Nur so ist es zu erklären, dass sich die frisch erkrankten Kinder männlichen Geschlechts in steinzeitartigen Horden sammeln, in denen sie barbarischen Fruchtbarkeitsriten wie der gemeinsamen Onanie frönen oder sich sinnlos mit Alkohol und anderen Drogen berauschen. Es muss vermutet werden, dass die zahlreichen Diebstähle, die in diese Entwicklungsphase fallen, einen Ersatz für das Erlegen von Beute darstellen. Gleiches gilt für die latente Gewaltbereitschaft, die die verwirrten Blagen ebenfalls für ungeheuer männlich halten. Alles in allem: Jungs in der Pubertät benehmen sich wie Neandertaler und sind von einer Dümmlichkeit und Primitivität getrieben, dass es einem die Fremdschamesröte ohne Unterlass ins Gesicht treiben mag.

Mädchen: Das Einsetzen der Pubertät bei den XX-Chromosomträgern ist, anders als bei den Jungen, nicht mit einer brachia-len Veränderung des Charakters verbunden.

Mädchen müssen sich normalerweise nicht aus der Rolle eines liebenswerten und niedlichen Kindes befreien. Die meisten Mädels sind schon im Vorschulalter unerträgliche Zicken und erarbeiten bereits im Kindergarten ihre legendären weiblichen Vernichtungsstrategien, die ihnen bis zu ihrem vorzeitigen Altern mit Mitte dreißig einen handfesten emotionalen Vorteil gegenüber der Geschlechterkonkurrenz aus dem XY-Lager verschaffen.

Weibliche Teenager sind permanent auf das Stiften von Unfrieden aus, was sie besonders schlecht verträglich macht. Hinter ihrer Fassade völliger Oberflächlichkeit tickt das Genom eines Velociraptors wie in „Jurassic Park", was auch erklärt, warum Mädchen immer in kleinen Gruppen auftauchen und sogar zu zweit auf die Toilette gehen.

Wenn weder ein Elterntier, noch ein gleichaltriges männliches Opfer in Reichweite ist, geraten die permanent aggressiven pubertären Kleinfrauen sofort untereinander in Streit. In Amerika gibt es bereits Pläne, statt der teuren und gestellt wirkenden Wrestling-Kämpfe landesweit einfach weibliche Teenager paarweise in mit Kameras ausgestattete Räume einzusperren. Eine Art „Small-Sister"-Format, ähnlich den weitaus harmloseren „Big-Brother"-Versuchen, die wir aus dem Fernsehen kennen. Dagegen wäre selbst ein Film wie „Fightclub" lauwarme Wacholderbrause.

Wie lange es die Idee der Gleichberechtigung der Geschlechter auch schon geben mag: Bei den Spacken im Pubertätsschock ist die Nachricht bis heute nicht angekommen. Gerade Mädchen, die ja hier in erster Linie Zugewinn an den neuen gesellschaftlichen Möglichkeiten haben könnten, erschrecken und enttäuschen mit einer Lebenshaltung, die kaum über Make-up und Lipgloss hinausgeht.

Wer seine hormonell verseuchte Zickenkatze für ein paar Stunden ruhigstellen will, schenkt ihr einfach einen schlecht trocknenden Nagellack und erlaubt ihr, dabei hirntote Serien auf RTL anzuschauen.

Während das heranwachsende Weibchen im täglichen Umgang wie ein tollwütiger Gremlin am Muttertier Vertreibungstechniken für zukünftige Konkurrentinnen ausprobiert und so schon so manche erwachsene Frau in den Wahnsinn getrieben hat, versucht das hinterhältige halbwüchsige Menschen-

Täuschung und Wirklichkeit: Während das pubertierende Weibchen insbesondere auf Fremde einen einnehmenden und sympathischen Eindruck zu machen versucht, ist das Jungtier hinter geschlossener Haustür im familiären Bereich die reine Ausgeburt der Hölle. Aggressiv, intrigant, verlogen und selbstsüchtig – da wünscht sich so mancher den Austausch gegen ein Exemplar aus der Jungenabteilung. Die sind zwar mangels wirklicher Hygiene oft ekelig, aber in der Öffentlichkeit eher auffällig und zu Hause durch Hip-Hop- oder Heavy-Metal-Beschuss per Kopfhörer ähnlich leicht wie ein Meerschweinchen zu halten.

wesen an der väterlichen Front seine Umgarnungstechniken. Der Mix aus Aggressivität, hohler Arroganz und völliger Selbstverblendung machen das Mädchen zu einer echten Lebensprüfung, gegen das das Urzeitgehabe der männlichen Miterkrankten oft wie ein Wochenendpicknick wirkt.

Wie kann ich an dieser Prüfung wachsen?

Wer es erlernte, den Teenager während der gesamten Zeit seiner akuten geistigen Umnachtung halbwegs zu beherrschen, ohne ihn getötet oder verkauft zu haben, wird in der Zukunft kaum ein Problem finden, das er nicht bewältigen könnte. Da-

Die gestrenge Erziehung von fünf Kindern hat Herr K., ehemaliger Postbeamter aus Bottrop, auf eine höhere Bewusstseinsebene getragen. Er hat dank seiner Auseinandersetzung mit den bösen Gespenstern der Pubertät seine persönlichen Grenzen kennenlernen dürfen. Herr K. ist heute ein Universalgelehrter, der mit liebevoller Strenge drei jungen Menschen zum Abitur und zwei weiteren, leider völlig hoffnungslosen Fällen, in die Führung einer großen deutschen Regierungspartei geholfen hat.

rum sollte Führungspersonal auf obersten Chefetagen eigentlich nur mit dem Nachweis der vollbrachten Erziehung eines Teenagers zugelassen werden.

Vielleicht wäre es auch eine Idee, statt Rafting und Hochseilklettern die Manager unseres Landes eine Woche in den Jahrgangsstufen 7 bis 9 unserer Schulen eine Klassenfahrt betreuen zu lassen. Das sind die Prüfungen, die Charakter, Mut, Weitsicht und Entschlossenheit erfordern!

Stahlbad für Führungskräfte: Ein Referendar-Jahr an einer deutschen Gesamtschule in den Fächern Mathematik, Chemie und Physik in den Klassen 7 bis 9 fordert Stressresistenz, Durchsetzungsvermögen, Flexibilität in Krisensituationen und schult den Umgang mit unwilligen und schlecht vorbereiteten Mitarbeitern. Eine derartige Ausbildung kann man in keinem Hochseil-Klettergarten der Welt erhalten.

Verständnistest

Kann ich die Pickelvisagen durch ihr Verhalten eindeutig geschlechtlich zuordnen?

Und: kann ich mir sachgemäße erste Hilfe leisten?

1. Ein Teenager nähert sich. Es hat einen seltsam schwankenden Gang, leicht verdrehte Augen und riecht intensiv nach Erdbeer.

a. Es ist ein Junge – vollgepumpt mit Erbeerschnaps und Cannabis. Sofort einen Arzt und den Bewährungshelfer anrufen!

b. Es ist ein Mädchen – ganz normal auf dem Heimweg von der Schule. Die verdrehten Augen sind ein natürlicher Reflex auf die Umwelt, die einfach voll doof und bescheuert ist. Die Laterne, die Bordsteine, die Omma da vorne, der Dackel von der Omma da vorne. Alle voll ätzend. Nicht ansprechen, gegebenenfalls die Straßenseite wechseln und so unnötigen und hirntoten Diskussionen auszuweichen.

c. Es ist ein Teenager. Ich werde ihn einfach mal mit irgendwas bestrafen!

2. Ein Teenager nähert sich. Es hat einen seltsam schwankenden Gang, leicht verdrehte Augen und riecht intensiv nach Erdbeer-Erbrochenem.

a. Das ist ein Junge – vollgestopft mit Erdbeer-Lipglossstiften, die er im Cannabisrausch als Mutprobe vor seinen grunzenden Freunden verspeist hat. Geben Sie ihm einen Schnaps zu trinken. Das desinfiziert und macht das Erlebnis so widerwärtig, dass diesem Testosteronbomber für einige Zeit die Lust auf Komasaufgelage glatt vergeht.

b. Es ist ein Mädchen – auf dem Heimweg von der Schule hat es aus Weltschmerz zehn Fläschchen Kümmerling verkostet und versucht nun, den Alkoholgestank mit Erdbeer-Mundspray zu besiegen. Nicht ansprechen, gegebenenfalls einfach die Straßenseite wechseln und so unnötigen und hirntoten Diskussionen auszuweichen.

c. Es ist ein Teenager. Ich werde ihn einfach mal mit irgendwas bestrafen!

3. **Ein kleine Horde Teenager schubst einen jungen Erwachsenen im Kreis hin und her, während einer der Aknifizierten das Geschehen mit dem Handy des Opfers filmt.**

a. Das sind Jungen – der jüngere Erwachsene ist ein Gleichaltriger, bei dem lediglich wie durch ein Wunder die Anti-Pickel-Creme erfolgreich angeschlagen hat. Das Schubsen im Kreis ist der rituelle Versuch der anderen Wahnsinnigen, durch Körperkontakt Teil dieses Mysteriums zu werden.

b. Das sind Mädchen. Die Giftspritzen machen gerade eine Neue frisch, die sich durch freundliches und höfliches Verhalten – selbst Lehrern gegenüber! – gleich mal richtig unbeliebt gemacht hat und außerdem mit ihrem neuen iPhone rumpröllt ...

c. Es sind Teenager. Ich werde sie einfach mal mit irgendwas bestrafen!

Lösung a) und b): Um Sie mache ich mir jetzt doch ein bisschen Sorgen. Offenbar haben Sie noch immer nichts verstanden. Auf die zahllosen sinnentleerten Handlungen von Kindern auf Akne gibt es nur eine Antwort, ...

... nämlich c), richtig! Sie haben es kapiert!

Das Lexikon der Teenieformeln, Teil 2, H–M

H

Handy. Das Handy ist kein Telefon. Es ist vielmehr Ausdruck der eigenen Persönlichkeit. Der Klingelton, die Marke, die Accessoires, die darauf gespeicherten Pornos und selbst gefilmten Gewalttaten sagen eigentlich alles über seinen gestörten Besitzer aus.

I

Internet. Hier besorgt sich der Teenager kostenlos alles, was er seiner Meinung nach zum Leben braucht: Musik, Videos, Games, Zeitschriften, Liebeskummer – alles gibt es gratis im Netz. Possierlich anzuschauen sind hier die Bemühungen unserer Politiker und Lobbyisten, diese Selbstbedienung gegen ein Zahlangebot einzutauschen. Genauso könnte man versuchen, die Postkutsche wieder einzuführen. Wenn MacDonald's und H&M endlich den von den Pickligen lange ersehnten Homeservice einrichten, werden die Pustelbomber der Zukunft das Gehen verlernen und in einer ewigen Chillstarre vor dem Laptop liegen. **TIPP:** Sollten Sie zu Hause einen Internetanschluss haben, können Sie Ihrem Zögling getrost das Taschengeld streichen. Er kann damit nichts anfangen. Legen Sie es für ihn auf die Seite, um später das Studium oder die Kaution bezahlen zu können.

J

Joint. Was soll man von einer Welt erwarten, in der der mächtigste Mann in seiner Jugend bekennenderweise ein Kokser und Marihuanakonsument gewesen ist? Die Frage, ob und wie oft die Nervensäge kifft, ist darum nicht relevant. Wichtiger ist es, welche anderen Wirkstoffe parallel eingeworfen werden, bis der unter Jugendlichen beliebte ...

K

... **Koma-Zustand** erreicht worden ist.

L

Loser ist das Lieblingsschimpfwort aller Teenies. Normalerweise sind damit andere junge Menschen gemeint, die trotz ihrer hormonellen Verwirrung weiterhin um gute schulische Leistungen bemüht sind, sich um Umgangsformen bemühen und später als Vorstandschef die Leute feuern, die sie in ihrer Jugend als Loser beschimpft haben.

TIPP: Achten Sie darauf, welcher Schulkamerad Ihrer Aknebestie als Loser bezeichnet wird. Freunden Sie sich mit den Eltern an, fahren Sie gemeinsam in Urlaub, ziehen Sie in eine Wohngemeinschaft. Denn hier sind Erwachsene am Werk, die es gelernt haben, den Dämon zu besiegen.

M

Mädchen. Auf den Punkt gebracht, geht es in der Pubertät allgemein eigentlich nur um Mädchen. Die Jungs glauben, vollgekotzt und stinkbesoffen als harte Kerle Eindruck auf die zickigen Drüsenjager zu machen, während die XX-Chromosomler eigentlich nur damit beschäftigt sind, sich selbst gut und den Rest der Welt schrecklich zu finden. Außer Zac Efron (der früher Leif Garrett und danach Robbie Williams hieß), der nicht schrecklich ist, denn der wird eines Tages in der Kaiser-Karl-Str. 14 in Essen-Haarzopf im 4. Stock klingeln und sie mit nach Kalifornien in seine Villa nehmen wird, wo sie dann abends gemeinsam mit Beyonce die Nägel lackiert und GZSZ guckt.

McDonald's. McDonald's ist entgegen der landläufigen Meinung kein Gastro-Franchise im herkömmlichen Sinne. McDonald's ist die moderne Form des Jugendzentrums. Wer glaubt, die Eitrigen gingen zum Wurstklopsbrater wegen der Nahrungsmittel, der täuscht sich! Wissenschaftler vermuten, dass der totale Verzicht auf jegliche Tischmanieren bei den Fast-Food-Ketten den interkulturellen Austausch in unserer globalisierten Welt erleichtert.

Konservative Katholiken hingegen halten die Frittenbuden für Teufelswerk, das die Kinder aus ihren Kirchen fernhält. Darum nennen führende Radikalchristen den Big Mac auch „Satansbraten". Jedenfalls scheint eine Pubertät ohne McDonald's in der 1. Welt nicht mehr erklärbar, was die Vermutung verdichtet, dass der Konzern Aknesporen in seinen Produkten verarbeitet, um so ständig für neue Kundschaft zu sorgen.

3. Dan: Die Klasse 21

Sind wir modernen Eltern etwa selber schuld?

Ob Pubertät nun eine chemische Fehlzündung des Homo sapiens ist (unwahrscheinlich), durch Biowaffentests der Sowjets in die Welt gebracht wurde (denkbar) oder als Nebenwirkung mit dem Konsum von McDonald's-Produkten einhergeht (umstritten) – unterm Strich trägt jede Ursachenforschung leider nur begrenzt zur Bekämpfung der Probleme bei.

Beim täglichen Umgang mit dem marodierenden Nachwuchs sind solche theoretischen Erkenntnisse sogar gänzlich untauglich. Auch wenn sie insofern ein bisschen Trost spenden, als sie uns wissen lassen, dass unser Kind all diese Abscheulichkeiten nicht aus böser Absicht tut. Wer sich aber entschieden hat, den Tollwutsbraten in der Wohnung zu belassen und sich dem Sturm zu stellen, der nun über Jahre tagtäglich durch die einst so idyllische Lebensgemeinschaft tobt, der wird neben der sehr praxisorientierten Analyse der Bestie in Menschengestalt auch einer Betrachtung des eigenen, oft viel zu gut gemeinten Handelns nicht vorbeikommen. Leider sind gerade die Erziehungsberechtigten oft nicht ganz unschuldig an der Tiefe des Schlamassels, in die sie der groteske Kampf der Flegeljahre hineinzieht.

Vor allem ein weitverbreiteter Irrglaube sorgt gerade in den eigentlichen Sommermonaten des Lebens jedes Kinderhalters für viel unnötiges Leid:

Kinder und Eltern sind leider KEINE Freunde!

Wie auch bei allem anderen, was hier bei uns früher viel besser war, sind an dieser absurden Deformation menschlichen Miteinanders die 68er Schuld, die mit ihrer verdämlackten Dufte-Knöfte-Töfte-Ideologie den Erwachsenen um den Vorteil der gottgleichen Handlungsposition im Umgang mit den eigenen Wechselbälgern heraustheoretisiert haben. „Solange du deine Beine unter meinen Tisch streckst" war ungezählte Jahre das Totschlagargument jeder Vater-Mutter-Kind-Diskussion. Ein Agreement zwischen den Generationen, das nicht nur geistesverwirrte Forderungen wie „Ich will ein Mofa" oder „Ich will deine Autoschlüssel" sofort im Keim erstickte, sondern außerdem als Universalantrieb im Haushalt unvergleichliche Dienste leistete. Bier holen, Schnittchen machen, Auto waschen: Ein kompletter Full-Service ist uns dank der vermaledeiten Hippies für immer und ewig verlorengegangen. Danke, Herr Ströbele!

Als wäre dieser Verlust an Hoheit über die Jugendzimmer nicht schon genug, haben sich mittlerweile auch die Entwicklungsparameter in unserer Gesellschaft komplett gedreht: Wo früher Bub und Mädel angehalten waren, sich Vater und Mutter als Vorbild zu nehmen, hat der Jugendwahn unserer Werbeindustrie es tatsächlich geschafft, dass wir Erwachsenen

Unwiederbringlich verloren: der Nachwuchs als Haushaltshilfe. Dabei war die Belastung der Nestlinge ein wichtiger erzieherischer Kniff, um sie nach dem kuscheligen Kinderjahren rasch und nachhaltig wieder loszuwerden. Heute muss man gegen die eigene Brut eine Räumungsklage einreichen, um diese Parasiten noch vor ihrem 30. Geburtstag loszuwerden.

versuchen, unserem eigenen grünlichen Grobzeug ähnlich zu sein. Dabei ließen sich schon mit kleinen Veränderungen in der eigenen Lebensweise erstaunliche Feldvorteile gegen den Adoleszenz hysteria erzielen. Leider sind die meisten von uns nicht stark genug, das eigene Dahinwelken stoisch hinzunehmen. So reiht sich gerade

Die Sucht nach ewiger Jugend macht mittlerweile selbst vor echten Grufties nicht mehr halt. Hier die Down-Grade-Operation einer 99-Jährigen auf das Aussehen von hippen 76. Zentnerweise Spritzbeton und eine Spannfolie aus der Weltraumtechnik ermöglichen dieses temporäre 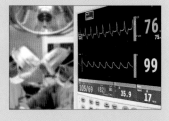 Jungbrunnen-Wunder. Weitergehende Versuche, mittels Botox und einer aggressiven Lauge die Physiognomie und unreine Hautbeschaffenheit einer 14-Jährigen bei älteren Semestern nachzumodellieren, sind glücklicherweise bis heute erfolglos geblieben.

im Zusammenleben mit Jungmenschen sträflicher Fehler an sträflichen Fehler und lässt so eine Ausgangssituation für die tägliche Nervenschlacht entstehen, wie sie ungünstiger kaum sein könnte: Viele Probleme im Umgang mit den verwirrten Jungtieren rühren aus einer völlig übermotivierten Grundhaltung heraus, hier einige Beispiele. **Eine Mutter etwa,** die

a) Geld in der Größenordnung des Verteidigungsetats von Namibia in Anti-Aging-Produkte investiert, damit sie in jeder Disse als die ältere Schwester des heimischen Krisenherds namens Tochter durchgeht;

b) lieber gewagte Hungerfoltern an sich selbst erprobt, als auch nur eine Nummer größer als die kleine Mistzecke in der Röhrenjeans zu tragen;

c) Tokio Bill oder eine andere

Typisches Fehlverhalten von Muttertieren

Muss das denn sein? Sabrina B. aus T., 43, hat seit vier Jahren keine feste Nahrung mehr zu sich genommen, um beim Einkauf bei Aldi weiterhin betont bauchfreie Mode tragen zu können.

Ihre Tochter, die mittlerweile 15-jährige und stark übergewichtige Chantal, hat ihr glaubhaft versichert, dass Sabrina in diesem Look absolut hip und todschick aussehe.

Ende vom Lied: Während Sabrina mit chronischer Nierenbeckenentzündung auf Selbstmordtretern durch die Gegend eiert, um, wie sie glaubt, so mit der Zeit zu gehen, sitzen Chantal und ihre Hyänenhorde auf der Parkbank und lachen sich über die dusselige Alte schlapp.

dieser endblöden Teenbopper-Visagen echt süß zu finden vorgibt und das auch noch mit dem Brotmesser in den Küchentisch ritzt, hat natürlich schwer daran zu knabbern, wenn das nachwachsende, heimische Frettchen plötzlich lieber mit einer Freundin im Partnerlook auf die Toilette geht und gemeinsame Shoppingtouren mit Bemerkungen wie „Du in dem Cardigan – da fragt man sich, wer jetzt mehr Falten hat", in wahre Horrortrips verwandelt.

Aber auch das andere, sogenannte „starke" Geschlecht macht sich da heutzutage oft unnötig selbst das Leben schwer. **Wer als Mann** a) auch mit über vierzig noch freiwillig an Luftgitarrenwettbewerben teilnimmt und die aktuelle Besetzung von Metallica unfallfrei runterbeten kann,

Fehlverhalten von Vatertieren

Es ist erstaunlich, wie sehr sich das Selbstverständnis des erwachsenen Mannes vom Biersäuger und Fleischfresser mit ausgesprochen niedriger Aggressionsschwelle, gerade gegenüber dem eigenen Nachwuchs (Bild oben), hin zu einer Clownsgestalt verändert hat, in deren Mittelpunkt nicht mehr Autos, sexistische Witze und das abendliche Besäufnis, sondern die eigenen Kinder stehen.

Dass sich Menschen-Männchen in ihren besten Jahren nicht entblöden, sich wie Heranwachsende zu kleiden und aufzuführen (Bild unten), muss mit dem Klimawandel zusammenhängen, in dem diese ausschließlich instinktgeleiteten Wesen völlig die Orientierung verloren haben.

b) ständig alle und jeden mit „Gib mir Fünf" abklatschen muss, obwohl er sich doch seit dem letzten Basketballspiel auf dem Schulhof am Rollator mit einer Hand so schlecht festhalten kann,

c) einen Tischkicker für ein cooles und unverzichtbares Möbelstück hält,

der darf sich einfach nicht wundern, dass der Herr Sohn eines Tages von seinen seltsam frisierten Freunden für diese tägliche väterliche Freakshow Eintritt nimmt!

Wer seinem latent kriegsbereiten Nachwuchs solche offenen Flanken anbietet, muss einfach damit rechnen, dass diese an dieser Stelle erbarmungslos zuschlägt.

Ganz gleich, wie tief Sie sich schon vor den Teufelsbraten gedemütigt haben, vergessen Sie nie: Es ist noch nicht zu spät. Dass die meisten von uns als Kind nicht auch so sch...wierig waren wie unsere eigenen Verzöglinge, liegt einfach

auch an der veränderten Ausgangslage bei Gefechtsbeginn.

Früher roch für uns doch schon bei der kleinsten Kleinigkeit die Luft nach Hausarrest, heute duftet sie für unsere Kids nach unsren fußlahmen Ausflüchten und Erklärungsversuchen selbst für straffälligstes Benehmen der entmenschten Rasselbande.

Realistisch betrachtet sind tradierte Vorgehensweisen für viele von uns heute nur noch eine eher theoretische Möglichkeit, die Pubertät nervlich unversehrt zu überstehen. Der Jugendwahn hat bereits derart überhandgenommen, dass sich erwachsene Menschen auf sogenannten Ü-30-Partys zur Musik ihrer eigenen Jugend wie annodunnemals bis zur Kotzgrenze mit Alkohol abfüllen und Testosteronschübe vorgaukeln, die sie in dieser Heftigkeit, wenn überhaupt, vor 25 Jahren das letzte Mal erschüttert haben mögen. Was waren unsere Eltern doch noch für glückliche Men-

Was früher schmucklose Kochschürzen und verqualmte Eckkneipen mild-tätig zu verbergen wussten, wird heute von vielen, schon leicht ange-gammelten Mitbürgern schamlos in der Öffentlichkeit präsentiert! Altersge-

schwächtes Gewe-be in Dessous und angegreiste Men-schenmänner beim Komasaufen – das passiert, wenn die Jugend zum Vor-bild wird.

schen, die sich mit vierzig in die Kneipe oder vor die Glotze setzen durften, um auf den Tod zu warten. Niemand hätte von kittelbewehrten Hausschürzen wie unseren Müttern das Tragen von Push-Up-BHs oder Stringtangas erwartet, und keiner unserer Väter hätte im Verdacht gestanden, bei einem Wort wie Six-pack an etwas anderes zu denken als an Dosenbier.

Den Feind verstehen heißt, den Feind beherrschen!

Bevor man sich mit einem Gegner dieser Gewichtsklasse auf einen längeren häuslichen Stellungs-krieg einlässt, ist eine genaue Analyse seiner Bedürfnisse sehr hilfreich. Bei minder schlimmen Entzündungen der Hirndrüsen reicht oft die Bereitstellung eines teenagergerechten Biotops, um einen halbwegs stabilen Umgang miteinander im gemeinsamen Bau zu gewährleisten. Wenn Ihnen dazu auch noch eine Unterbrin-gung des Probanten in einer se-paraten Souterrain-Wohnung o.Ä. möglich ist, kann die schwierigste Zeit Ihres Lebens vielleicht sogar ohne größere nervliche Blessuren an Ihnen vorüberziehen!

SONDERTEIL – ZUCHT UND HEGE VON MENSCHENWELPEN IN DER FEISTZEIT

Solange der Corpus Akne sein Gehege in ihren wohnlichen Räumlichkeiten hat und wegen gesetzlicher Bestimmungen ihrer Schutzpflicht unterliegt, gibt es ein paar grundsätzliche Regeln, die die Erduldung des kranken Kindes zumindest erleichtern. Zu folgenden Themen sind entsprechende Verhaltensmuster so typisch, dass eine abweichende Reaktion des Teenies einen Arztbesuch ratsam erscheinen lässt:

Ernährung, männlich:
Mit dem Eintreten in die Pubertät verliert das Jungmännchen für eine geraume Zeit seinen Geschmackssinn. Essen wird zu einer rein quantitativen Größe, Herkunft und Geschmack der Nahrungsmittel sind rein sekundär.

Manche dieser armen Wesen machen in den Küchen ihrer Eltern die widerwärtigsten Selbstversuche, die von den Freunden als Mutprobe begriffen und mit beifälligem Grunzen belohnt werden. Hundefutter, Süßspeisen mit Leberwurst, Dosenravioli mit Matjesfilets – dem Homo Akne maskulin sind die Ingredienzien seiner Mahlzeit schnuppe, Hauptsache, es ist sehr, sehr viel!

Um Ihren Geldbeutel zu schonen und nicht unnötig kulinarische Perlen vor die Jungsäue zu kippen, empfiehlt sich ein Deal mit dem Metzger Ihres Vertrauens. Bitten Sie ihn, Reste, die selbst er nicht mehr in sein Hack tun würde, mit einer möglichst scharfen Soße in Plastikeimern anzuliefern. Ihr männliches Pflegetier wird dies

Ausgewogene Ernährung für einen männlichen Teenager besteht zu nahezu 100 % aus Fleischfetzen, wobei Herkunft, verzehrbarer Zustand und Geschmack der Cholesterinbombe zweitrangig sind.

mit Begeisterung in großen Mengen fressen, wenn es dabei weiter WOW spielen und direkt aus dem Plastikeimer mampfen darf. Machen Sie sich um die Gesundheit des Wesens keine Sorgen: Erstens ist der Körper Ihres Jungen durch den übermäßigen Verzehr von Ekelfleisch in Form von Dönern schon ausreichend mit Antikörpern ausgestattet, und zweitens werden große Teile der Speisen bei der nächsten Koma-Sauf-Party sowieso wieder ausgekotzt.

Ernährung, weiblich:

Viel komplizierter stellt sich die Ernährungsfrage bei weiblichen Erkrankten dar. Merke hier: Mädchen sind immer zu dick, wobei sich zu dick auf alles bezieht, was Kilos jenseits der Skelettklasse auf die Waage bringt.

Obwohl das böswillige Frettchen deswegen häusliche Nahrungsmittel strikt verweigert, ist es absurderweise doch oftmals im Hüftbereich übergewichtig und mit einer Neigung zur fettleibigen Unförmigkeit ausgestattet. Dieses jedoch dem weiblichen Teenie gegenüber als Problem zu artikulieren wäre ein schwerer Fehler! Hirnforscher vermuten, dass der Hüftspeck nur dazu da ist, um einen verlässlichen Grund für die regelmäßigen, hysterischen Tobsuchtsanfälle zu liefern, die den Umgang mit den XX-Chromosomlern in diesem Alter so problematisch macht. Diese Vermutung ist natürlich nur teilweise richtig: Einiges an Zusatzspeck liefern die Süßigkeiten, die die Aknetas reichlich als Trost für etwas konsumieren, das sie für Liebeskummer halten. Dazu kommt die Neigung, bei McDonald's abzuchillen, wobei schnell mal Kalorienmengen zusammenkommen, die die Klitschko-Brüder an einem durchschnittlichen Sparringstag verbrennen.

Leider haben Sie auf die Mädchenernährung keinen Einfluss. Erst wenn der erste Freund als Opfer der emotionalen Willkür dieser weiblichen Säuger in deren Leben tritt und sie an dem arglosen gleichaltrigen Urzeitler ihre späteren Mutterqualitäten erproben, ist mit viel Fingerspitzengefühl eine Einführung in das Reich von Topf und Deckel möglich. Wer die ersten Küchenergebnisse heranwachsender Frauen kennt, ahnt auch, warum Jungen in dieser Zeit der ersten Beziehung über keinen Geschmackssinn verfügen.

Im Gegensatz zu den männlichen Miterkrankten kann das Akne-Weibchen oft tagelang auf Nahrung verzichten. Behauptet es. Verhaltensforscher haben indes längst herausgefunden, das Mädchen dazu neigen, zu Hause die gemeinsamen Mahlzeiten als willkommene Gelegenheit nutzen,

um eine Szene zu machen und die Nerven ihrer Mitmenschen zu malträtieren, um sich dann außer Haus mit Schokolade jene Specklappen anzufuttern, die sie dann schamlos mit Bauchfrei-Shirt und Hüftjeans zur Schau stellen.

Mode, männlich:

Es mag an der Globalisierung liegen, dass auf dem Gebiet der äußeren Erscheinung gerade das männliche Krankheitsbild erheblichen Veränderungen unterworfen ist. Waren früher einzelne geschmacklose Textilstücke ausreichend, um einer latent aggressiven und pseudo-gefährlichen Lebenshaltung ihres Trägers Genüge zu tun, sind heute viele dieser gegelten, obskur frisierten und manikürten Bürschchen von ihren weiblichen Schicksalsgenossen kaum mehr zu unterscheiden.

Das hat für Eltern mehrerer Kinder verschiedenen Geschlechts den Vorteil, dass nun auch die Kleider der älteren Tochter problemlos vom jüngeren Sohn aufgetragen werden können. Unisex ist also ein echter Segen für die Haushaltskasse! Leider kommen dazu viele geschmackliche Anregungen aus amerikanischen Gangsta-Rapper-Videos, in denen einschlä-

Die drastischen Folgen eines ungehemmten Genusses von Tokio Hotel bei Jungen. Man kann über Bill und Co. musikalisch geteilter Meinung sein, demografisch sind sie eine Katastrophe, denn: Wenn der Trend zum Unisex-Look weiterhin so stark zunimmt, könnte es mangels geschlechtlicher Orientierungsmerkmale zu einer Störung der menschlichen Paarbildung und im nächsten Zug zu einem dramatischen Einbruch bei der Geburtenzahl kommen.

gig vorbestrafte Afro-Amerikaner teuerste Markenkleidung bei den Blagen durchpromoten.

So kann es passieren, dass der Kauf einer einzelnen Baseball-Kappe schnell mal das gesamte Monatsbudget ihrer Familie auffrisst. **TIPP:** Halten sie ihre Schützlinge dazu an, sich nicht nur die Klamotten, sondern auch die Beschaffungswege von ihren Videoclip-Vorbildern abzugucken. Wird Ihr Knirps dann beim sogenannten Abziehen eines anderen Schulkindes erwischt, wissen Sie ihn beim Wochenendarrest und bei den Sozialstunden gut untergebracht und sinnvoll beschäftigt. Bis dahin genießen Sie einfach das gierige Lächeln Ihres kleinkriminellen Nachwuchses in seinen ständig brandneuen Kleidern – schließlich hat es Sie nix gekostet!

Mode, weiblich:
Auch wenn der Übergang zu der pubertären Tracht der Jungen immer fließender wird, gibt es doch zwei erhebliche Unterschiede. Beschaffungsdelikte sind bei Mädchen (noch) sehr selten. Des Weiteren sind die pickligen Gören in ihrem Hormonrausch erst mal nur auf alles scharf, was irgendwie glitzert und teuer aussieht. Ganze Modeketten haben sich bereits darauf spezialisiert, Glasperlen und Plastikjuwelen gegen das Taschengeld der kleinen Biester zu tauschen. Ein Geschäft, das an die Tauschhändel eines Kolumbus mit den Eingeborenen erinnert und auch heute noch höchst verachtenswert wäre, wenn, ja, wenn es nicht eben diese zickigen Schmollmäuler treffen würde. Dieser Strasshandel ist mittlerweile derart pervertiert, dass es schon Anbieter für hochwertigen Glasschmuck gibt, mit dem sich leider viele Mütter der kleinen Elsen jugendwahngerecht zu schmücken wissen. O tempora, o mores! Stilistisch sind Weiblinge im kritischen Alter aber auch heute noch breiter aufgestellt als ihre tumben Altersgenossen männlichen Geschlechts. Viele bezeichnen sich

Jugendliche Hip-Hop-Fans beim Adventure-Shoppen. War früher der Besuch von Kaufhäusern und Boutiquen zum Erwerb von Kleidung unerlässlich, warten viele junge Leute heute lieber darauf, dass ihnen neue Klamotten bezahlt bis vor die Tür getragen werden. Wie bei einer Prêt-à-Porter-Schulhof-Modenschau wählen diese Jugendlichen  unter dem Streetwear, der ihnen von ihren Schulkameraden präsentiert wird. Gefällt ein Stück, dient der Basketball nicht mehr zum Zeitvertreib, sondern ist das Geschoss, mit dem das Kleidungswild zur Strecke gebracht wird. In Windeseile wird dem Wildbret dann das Denim-Fell über die Ohren gezogen und zu gleichen Teilen unter der Jagdgesellschaft aufgeteilt.

zurzeit als EMO, was eine Abkürzung für „emotional" sein soll und eine Reihe sehr lustiger Frisuren, die Klassiker Lipgloss und Kajalstift und eine gewisse Uniformität mit sich bringt.

Kurz: Der Unterschied zu den Petticoatgirls der 50er oder den Bay-City-Roller-Fans der 70er Jahre liegt im Verzicht auf den Rock und die Schotten-Tartans. So originell und werteschaffend ist die pubertierende Jugend ...

Musik, beide:

Nirgends lässt sich der Verlust an geschlechtlicher Identität der heutigen Jugend deutlicher nachweisen als bei der Musik. Früher war das anders: Mädchen Cat Stevens, Burschen Deep Purple, und wars andersrum, dann war derjenige „andersrum". So einfach ging das bei uns zu! Heute ist die Sachlage viel, viel schwieriger. Jungs, die alle Songs und Tänze aus dem High-School-Musical können und Mädchen, die zum Sound von Bushido ihren Klassenlehrer verprügeln – über ihre Lieblingsmucke lassen sich die Pickler einfach nicht mehr auseinanderdividieren. Andererseits spielt Musik an sich auch keine so große Rolle mehr, es sei denn als Personal-ID mittels Klingelton auf dem Handy, als Soundtrack für das MySpace-Video von der letzten Jackass-Aktion oder als Background-Gedudel bei der LAN-Party. Glauben Sie daher bloß nicht, über die Verkaufscharts von CDs einen Einblick in die aktuelle Jugendkultur zu bekommen! CDs kaufen ist etwas für Menschen, die zu doof oder zu alt dafür sind, sich mit einem Grabber das Zeug im Netz zu saugen. Oder glauben Sie, dass 14-Jährige eine alte Frau wie Madonna wirklich sexy finden?

Computer, männlich:
In diesem Bereich hat sich dank der digitalen Revolution einiges getan. Tragbare Spielkonsolen ha-

ben auf pubertäre Jungen eine halluzinierende Wirkung und können dazu beitragen, den Aknekranken während der ganzen Inkubationszeit ohne Gewalteinwendung oder Fesseln halbwegs ruhig und nüchtern zu halten. Besonders beliebt sind interaktive Spiele im Internet wie „World of Warcraft", bei dem die Jungen sich virtuell in Rotten zusammentun und sich dann gegenseitig zu Klump schlagen. Ein alters- und geschlechtstypisches Verhalten, dass zwar so zu einem Teil die Gewalt von den Straßen in die Kinderzimmer geholt hat, andererseits wegen der geringen physischen Verletzungsgefahr im Netz unsere Krankenkassen schont und obendrein für eine intensive Auseinandersetzung mit dem Zukunftsberuf IT mit sich bringt. Alles in allem: kein schlechter Deal!

Computer, weiblich: Der Computer ist des Mädchens Sache eher

Sieht schlimmer aus, als es ist: Computersüchtige Jungen, sogenannte Nerds, mögen sozial verarmt und zwischenmenschlich inkompetent sein, aber sie verursachen wesentlich weniger Sachschäden und Körperverletzungen als ihre Krankheitsgenossen in freier Wildbahn und sind beruflich auf einem guten Weg.

nicht, wohl in der Hauptsache, weil er auf zickige Bemerkungen und theatralische Gefühlsausbrüche völlig unemotional reagiert. Erst durch die Chat-Rooms bekommt der Rechner eine für die kranken Mädels sinnvolle Komponente, wenn sie nämlich auch virtuell und sogar in größeren Gruppen über die Artgenossinnen ablästern können, die gerade wegen ihrer haarsträubenden Verhaltensweisen zu Hause offline gelegt wurde (und wo nur das mutige Einschreiten der Nachbarn Schlimmeres zu verhindern wusste).

Fühlen sie sich unbeobachtet, versuchen sogar junge, von der Pubertät eigentlich geheilte junge Frauen mit einer Zickeneinlage ihr Laptop zu beeindrucken. Es ist für den weiblichen Menschen nicht nachvollziehbar, dass irgendetwas nicht durch Gefühlsausbrüche und spitze Bemerkungen aus der Fassung zu bringen sein soll.

Freunde, männlich: Freunde ist ein für die Mitleidenden des pubertierenden Jungen wenig treffendes Wort. Rudel oder Horde sind treffender. Die zeitweise Aufgabe individueller Persönlichkeitsstruktur zugunsten der Teilhabe an einer tribalen Rottung Gleichaltriger ist erstaunlich und zieht sich durch alle sozialen wie auch intellektuellen Schichten. Die Initialisierungsriten dieser Horden sind oft stumpf, manchmal derb, gelegentlich barbarisch, aber nie gibt es irgendwelche geistigen Hürden, die von den Bruderschaften der eitrigen Akne abverlangt werden. Man wagt es kaum, sich vorzustellen, wie ein Papst Benedikt in seiner umschwängigen Zeit wohl das Alphabet gefurzt oder unser Bundespräsident eine Handvoll Regenwürmer verspeist haben mag, um einer solchen Gruppe anzugehören.

Die Rudelbildung ist wohl auch deshalb so simpel, weil die Hor-

Kaum spüren die jungen Männchen den Rückhalt eines Rudels, sticht sie prompt der Hafer, und sie versuchen sich an Gegnern, die ihnen an Bissigkeit und Aggressivität weit überlegen sind. Schon die ersten Antworten des Mädchens treiben dem Wortführer die Schamesröte ins Gesicht, und beide Knaben werden in wenigen Minuten gelernt haben, dass ein Kapuzenpulli alleine noch keine beeindruckende Erscheinung ausmacht.

de in erster Linie Schutz gegen weibliche Zickenattacken sowie ein breites Publikum für die prahlerische Zur-Schau-Stellung einer nicht erreichten Männlichkeit bieten soll. Außerdem bewirkt der Hormonstoß bei den Jungen eine Zeitreise in die Morgenstunden der Menschheit, und nicht wenige Sprachforscher vermuten hinter dem archaischen Gebaren, besonders auch im brüchigen Umschlag der Stimmen, ein Relikt frühester verbaler Kommunikation.

Freunde, weiblich: Auch hier ist das Wort Freundschaft höchst unangemessen. Bei den weiblichen Aknifizierten stellt sich eher die Frage, welche Jungweibchen in welcher Koalition gegen welche Artgenossin intrigieren.

Diese Bündnisse haben in der Regel die Halbwertszeit von radioaktiven Elementen und schlagen schneller ins Gegenteil um, als ein Mitglied des männlichen Pubertariats eine Dose Frolic essen kann.

Die berüchtigte beste Freundin ist für Mädchen darum viel mehr Jagdpartner und Waffenschwester als ein emotionaler Bezugspunkt.

Das paarweise Auftreten, sogar der gemeinsame Besuch der Toilette, dient also nicht dem Austausch

Die gefährlichste, weil instabilste und explosivste Gruppierung unter den weiblichen Teenagern sind Dreierkonstellationen, in denen pro Minute genug Lügen und Intrigen entstehen, um damit den kompletten Wahlkampf einer deutschen Bundestagspartei zu füttern. Das Risiko, als Unbeteiligter in einem solchen Spannungsfeld zerfetzt zu werden, ist auch für Erziehungsberechtigte enorm. Halten sie darum Abstand und warten sie, bis mindestens eines der Mädels anfängt zu heulen. Das ist einer der wenigen Minuten der Schwäche, in der sie diese Zusammenkunft des Bösen relativ ungefährdet auflösen können.

von Geheimnissen – man hält sich lediglich auf feindlichem Terrain gegenseitig den Rücken frei!

Das Lexikon der Teenieformeln, Teil 3, N–R

N

Nicknames. Spitznamen, sind von ganz besonderer Bedeutung. Während männliche Jugendliche gerne ihren Namen mit einem „i" amputieren (Manni, Steini, Klinsi, Jogi), versuchen ihre weiblichen Pendants, ihre hochgradige Bissigkeit gerade untereinander hinter Stofftierkosenamen wie Knuddel, Schatzi, Knuddelschatzi oder Knuddelschatzimausi zu verbergen. Ursache hierfür ist wahrscheinlich der Versuch, sich von seinen voll peinlichen Erbgutspendern auch titularisch so weit wie möglich zu entfernen.

Weit kreativer ist die Pickelbrut allerdings dann, wenn es darum geht, andere, möglichst gleichaltrige, mit neuen Wortkreationen zu benennen: Urlusche, Vollhorst, Toy, Freibiergesicht, Takkolord, … der Spaßgewalt jugendlicher Sprachschöpfungen sind leider auch von Staats wegen keine Grenzen gesetzt.

O

Oldschool. Ein Wort, das eine ganze Zeitlang alles gebrandmarkt hat, was aus Sicht der Pockenvisagen irgendwie voll steinzeitlich war: Manieren, Pünktlichkeit, Höflichkeit, Respekt gegenüber älteren Mitmenschen – aber auch Gesetze zum Schutz der Jugend, öffentlich-rechtliches Fernsehen oder die Bereitschaft, für Musik, Videospiele o. Ä., freiwillig Geld auszugeben. Diese moralische Abgrenzung ist mittlerweile passé, weil sich kein heutiger Jugendlicher an irgendeine der oben aufgezählten Sekundärtugenden auch nur dunkel erinnern kann. Heute ist „oldschool" schon jemand, der ein Handy-Update versäumt hat oder der sich weigert, das neueste Beyonce-Album schon downzuloaden, bevor es überhaupt aufgenommen worden ist.

P

Pickel. Tja, dagegen hilft nach wie vor kein Abdeckstift und auch keine alkalische Hautreinigungssäure: Der Pickel, in eitrigem Wucher auch Akne genannt, bleibt das Brandzeichen des von der Hormonkrankheit geschüttelten Jugendlichen. Evolutionsforscher vermuten, dass der Ausschlag ein Warnsignal für die Umgebung sein soll.

Der Pickel gibt das weithin sichtbare Signal zur Flucht, bevor der Teenager mit seinem Gehabe und Gerede in kürzester Zeit ein Massaker an ihren Nervensträngen veranstalten kann.

Q

Quinn, Freddy. Wie d e r jetzt hier hinkommt? Nun, erstens ist kein Geröll aus alten Zeiten vor den Ausschlägigen sicher, wenn es nur den Eindruck macht, dass es die Umwelt ausreichend nerven könnte. (Und wer weiß, während Sie diese Zeilen lesen, gründen irgendwo in einem Souterrain in Oldenburg ein paar verkiffte 14-Jährige die „Freddy-Jugend" [eine „Heino-Jugend" gibt es übrigens schon] und beschallen die wehrlosen Einfamilienhäuser ihrer arglosen Nachbarschaft mit Schlagermusik).

Zweitens stammt eine der bittersten und ehrlichsten Klagelieder über Heranwachsende eben von jenem Freddy Quinn. Hier zu Ihrem Trost und Ihrer Erbauung der Text dieser ewigen Hymne des verzweifelten Erziehungsberechtigten, dem Vater unser aller Teenagergestraften:

„Wer will nicht mit Gammlern verwechselt werden? WIR!
Wer sorgt sich um den Frieden auf Erden? WIR!

*Ihr lungert herum in Parks und
in Gassen,
wer kann eure sinnlose Faulheit
nicht fassen? WIR! WIR! WIR!*
Danke, Freddy!

R

Rap. Nichts spiegelt den Zustand der heranwachsenden Generation besser wider als die Hip-Hop- oder Rapkultur: Häufig verherrlichen nichtsnutzige Prekarianer mit migrantem Hintergrund hier einen Lebensstil, für den sich mancher Zuhälter schämen würde, betrachten Frauen bestenfalls als sexuelle Nutzobjekte und suggerieren Reichtum als einzigen gültigen Wert in unserer Gesellschaft. Was soll aus Menschen mit so einer Weltsicht werden, als bestenfalls Mitglied des Betriebsrates bei VW ...

Rassismus. Ein lange tot geglaubtes Thema, das leider den Weg zurück auf unsere Schulhöfe gefunden hat. Das Problem brennt, denn vielen türkischstämmigen Jugendlichen kann es nicht mehr lange zugemutet werden, von einer deutschen Minderheit in ihrem Türkischsein gestört zu werden. Darum heißt es jetzt schon auf vielen bildungsfernen Lehreinrichtungen unseres Landes: Deutschländer raus!

4. Dan: Exorzismus

Die Gesichter einer Erkrankung im Spiegel der Jahrzehnte:

gestern ...

heute ...

morgen ...

Die Verkleidungen wechseln, die Probleme bleiben leider stets dieselben!

Die goldenen Wege, den Teenager zu beherrschen

Noch nie ist es Eltern so schwergemacht worden, ihren mit Aussatz übersäten Nachkömmlingen ein ebenbürtiger Gegner zu sein. Der Jugendwahn macht gerade diese, von der Natur eigentlich temporär benachteiligten Wesen sogar zu Ikonen von Stil und Geschmack, denen wir Altvorderen hilflos hinterhertapern. Dies in unseliger Allianz mit den gedanklichen Überresten der antiautoritären Erziehungskatastrophe der Sechziger und der Tatsache, dass durch den Kindermangel die kleinen Mundräuber nicht mehr nur als billige Haushaltshilfe und Rentenfinanzierer, sondern

Weil es nicht mehr in sein Zimmer kann, a) weil die H&M-Nordwand vor der Tür eingestürzt ist oder, b) weil das Gesundheitsamt die Räume wegen Seuchengefahr versiegelt hat, okkupiert dieses marodierende Weibchen nun den Wohnraum seiner Eltern und nimmt auch sofort den neuen Laptop in Beschlag. Innerhalb weniger Minuten wird das teure Elektrogerät ein Tummelplatz für Viren und Trojaner, weil das Fräulein „doch nur eben mal mit Binie und Ela bei schüler-VZ gechattet hat, ganz ehrlich". Spätestens jetzt sollten sie sich verbal einbringen.

als wertvolle Geschenke betrachtet werden, bringt den Erziehenden des 21. Jahrhunderts in eine schier aussichtlose Gefechtslage. Was will ein glatzköpfiger 45-Jähriger in Sneakers und Hüftjeans schon machen, wenn ihn sein Sohn Benny jeden Morgen wegen seines Aussehens zu Recht frech auslacht?

Die Aknefizierung unserer Gesellschaft ist aber vor allem ein Verbrechen an den Erkrankten selbst, die eigentlich ein Recht darauf hätten, von sich sorgenden Eltern zur Raison gebracht und nicht auch noch nachgeäfft zu werden.

Das schwere Gelände, auf dem Sie sich im Kampf gegen die Nervensägen wegen der sozialen Fehlentwicklungen begeben müssen, ist aber noch lange kein Grund zur Verzweiflung. Es bleiben Ihnen nach wie vor hocheffektive Strategien, den Pickligen jede ihrer Bosheiten und Fiesematenten doppelt und dreifach heimzuzahlen.

Der proletarische Weg

Einen zugegebenermaßen abstoßenden, aber einfachen und wirklich simplen Weg, die Bestie schnell und nachhaltig aus dem Haushalt zu entfernen, bietet die Strategie des Proleten.

Das Einzige, was sie dazu brauchen, ist der Mut, eine Zeitlang in ihrer Nachbarschaft sozial geächtet zu sein, oder den Mut, notfalls in eine andere Stadt zu ziehen und dort noch einmal von vorne anzufangen.

Der Rest ist dann ein Kinderspiel: Trinken Sie in der Öffentlichkeit (am besten morgens) in großen Mengen schwarzen Tee aus einer Asbach-Uralt-Flasche. Rufen Sie Ihrer Pickelbombe aus dem Küchenfenster wüste Beschimpfungen und Drohungen hinterher, sobald der Feind das Haus verlässt. Prahlen Sie laut und häufig an der Kasse des Supermarkts, in der Ortsteilkneipe und auf jedem Pfarrfest damit, dass sie der Herr/die Frau im

Haus sind und das eine ordentliche Tracht Prügel noch keinen umgebracht hat, obwohl es beim letzten mal schon ziemlich knapp war. Lassen Sie laut Tonbänder mit Foltergeschrei ablaufen und übertönen sie die Kulisse mit lautstarken Befehlen wie „Du räumst sofort dein Zimmer auf!", „Wisch den Flur, du Sau!". Es empfiehlt sich, in der normalerweise kurzen Umsetzungszeit dieser platten, leicht menschenverachtenden, aber immens wirksamen Strategie ungepflegt gekleidet zu sein, ungewaschen zu wirken und immer ein wenig nach Alkohol zu riechen.

Die Wahrscheinlichkeit, den Nesthaken in kürzester Zeit in staatliche Obhut übergeben zu können, ist riesig. Normalerweise gibt es von Seiten des Jugendamtes hier sogar einen Abhol-Service. Leider auch für Sie selbst, der allerdings von Seiten der Polizei. Ihr Vorteil: Sie können alle Vorwürfe mit gutem Gewissen abstreiten und kommen so, mit Hilfe eines ver-

Hart, aber effizient ist der zeitweilige Umzug auf die Straße. Es wird keine drei Tage dauern, bis das Jugendamt Sie dauerhaft von der Nervenlast Ihrer Brut befreit hat. Nehmen Sie Ihre Ersparnisse, verlassen Sie Europa, fangen Sie noch einmal von vorne an. Und: Lassen Sie sich sterilisieren! Sicher ist sicher!

nünftigen Anwalts und ein paar Bewährungsauflagen, normalerweise innerhalb von vier Wochen wieder nach Hause zurück.

Der proletarische Weg ist nur solchen Menschen zu empfehlen, die für sich die Aufzucht eines Kindes als erheblichen Fehler erkannt haben und mit dem Ergebnis dieses Fehlers zukünftig nicht mehr konfrontiert sein möchten. Wer sich für ein solches Vorgehen entscheidet, muss mehr Probleme mit seinem Gremling haben als die gelegentlichen Drogendelikte, das Schulschwänzen und mehrfache Vaterschaftsklagen vor dem sechzehnten Lebensjahr, die die Pubertät gemeinhin begleiten.

Der konventionelle Weg

Schon im Mittelalter scheinen Probleme mit jugendlicher Desorientiertheit durchaus bekannt gewesen zu sein.

Aufgrund der allgemein niedrigen Lebenserwartung in dieser Zeit ist die Vermutung zulässig, dass es

Sie brauchen kein schlechtes Gewissen zu haben: in staatlicher Obhut ist Ihre Nerveinheit in besten Händen. Die Unterbringung mit Gleichaltrigen ist sogar ein echter Bildungsvorteil, weil hier außerschulisches Wissen zur Vermögensbildung wie Internetbetrügereien und Taschendiebstahl in den Umschlussstunden auf dem Freiganghof untereinander verbreitet und verfeinert werden. Und das alles ohne weitere Zusatzkosten.
Nutzen Sie diesen staatlichen Gratisservice. Wozu schließlich zahlen Sie ständig so viel Steuern!

sich bei den Pubertierenden jener Zeit um die Aussätzigen gehandelt haben muss, die, wohl auch um die Nerven der anderen Mittelaltler zu schonen, abgesondert ihr Dasein fristen mussten.

Schon damals schien es wirksamer, den Befallenen nicht an seinen Gliedmaßen, sondern in seiner persönlichen Freiheit zu beschneiden. Hier ein seltenes Dokument, wie es von der Gilde der Folterknechte aus Sorge um die Entwicklung ihres Berufstandes lange Zeit geheim gehalten wurde:

Hexenhammer für den Aknus puberterius

Um den bösen Geist dem Kinde auszutreiben, gebe man ihm einen Liter Schweinepisse zu trinken und werfe es dann gefesselt in einen See. Schwimmet es dann oben, so ist es keine Pubertät, sondern ein Hexengeist, der unversehens zu verbrennen sei. Will es auf den Grunde sinken, so überdenke man in gebotener Weile die Errettung und versuche dann, es folgenderweise gar köstlich zu heilen:

§ 1

Der Sonntag sei ab sofort mit einem Kirchgang zu beginnen, dem folge das Mittagessen, gemacht aus schweren Soßen und verkochten Gemüsen. In bleierner Stille sei darauf zu achten, dass kein Kauen und kein Schnaufen dem Kindelein entweiche, und auch, dass das kranke Kind den Teller leer esse. Auf das Mahl folge der Verwandtenbesuch, der mit einem endlosen Spaziergang sein gelangweiltes Ende finden möge. Desgleichen sei auch an den Samstagen und an den Feiertagen zu verfahren, Ausnahmen seien nicht gewähret nimmerdar.

§ 2

Auf dass es die Welt erkennen lerne, nehme man das Kind mit

auf Wanderschaften in die Schönheit der Wälder Bayerns und des Harzes. Reisen mit Flugmaschinen nach verderbten Orten wie Mallorca oder Ibiza, auch der Umgang im Zeltenlager mit anderen Junkern und Mägden, will zu nichts Gutem gereichen und sei darum auf das Strengste untersagt!

Solch effizientes Werkzeug völliger Teenagerunterwerfung ruht noch im kollektiven Gedächtnis unserer Generation, wurde es doch noch – zumindest bruchstückhaft – dazu angewandt, um uns die Pickel auszudrücken. Wir sind vielleicht die Letzten, die diesen Schatz noch einmal heben und ein normales Verhältnis von Kind zum Erzeuger wiederherstellen könnten. Sollen Ihre Bekannten und Kollegen Sie ruhig als gestrig und altbacken beschimpfen.

Ihnen wird es von Tag zu Tag bessergehen, wenn sie sich konse-

quent an den Verhaltenskodex ihrer eigenen qualvollen Jugend halten. Hoffnungslos überaltet wirkende Regeln bringen im Alltag neue Energie für das schon als Auslaufmodell gehandelte Prin-

Ausgestorbene Berufe in der Jugendseelsorge sind der katholische Exorzist, der mit Mystik, Kartenspielen und allerlei sadistischen Befragungsspielen heutzutage zumindest bei den Gruftie-orientierten Teenagern durchaus eine Chance hätte, so wie der Henker, der allerdings mit seinen brachialen und oft irreversiblen Methoden nicht mehr in das Bild moderner Kindererziehung passt.

zip der häuslichen Respektsperson Vater oder Mutter. Hier weitere Anregungen:

- Zwangsverpflichtung zu Musikunterricht in einer städtischen Musikschule an der Geige, Oboe, dem Cembalo oder dem Schifferklavier mit regelmäßigen Auftritten im öffentlichen Raum, am besten in der Schulaula vor den Klassenkameraden.
- Rückgewinnung der Lufthoheit über den Kleiderschrank: Praktische und haltbare Ware, von Ihnen höchstselbst ausgesucht und eingekauft.

- Spangen- und Brillenpflicht, auch wenn Zähne und Augen in Ordnung sind.
- Verpflichtung zu einer Geburtstagsparty im eigenen Zuhause unter Ihrer Aufsicht und nach Ihren Spielregeln!

Ehe sich Ihr Pickelterrorist aus dieser Nackenschraube des Schicksals nur halbwegs herausgewunden hat, ist er Mitte zwanzig und hat ganz andere Sorgen, weil das Martyrium der Reifezeit aus dem reizenden Blag von gestern den kontaktarmen Nerd von heute gemacht hat. Das ist nicht

Geht doch! Geigenunterricht, Jugendgruppen der Naturfreunde: Auch wenn dieser Probant zugegebenermaßen mit 50 Jahren Abstand der Jüngste seines Streichquartetts ist und auch bisher mangels weiterer Vögel alleine Wandern muss. So hat Klaus P. aus C. zwar keine Freunde in seinem Alter, aber damit eben auch keine Freunde, die einen schlechten Einfluss auf ihn haben könnten.
Und das ist das Wichtigste, zumindest für Ihre Nerven.

schön, aber gut für Ihre Nerven und darum: Sei's drum – besser es als Sie!

Eltern 21: Der heutige Weg –
Beat them by joining them
Der sicherste, jetztzeitigste und spaßbetonteste Weg allerdings, Ihren Feger in die Schranken zu weisen und dabei auch noch einen zweiten Frühling zu erleben, ist der der gelebten ewigen Jugend! Alles und jeder erwartet, dass Sie wie ein Teenager aussehen, sich wie ein Teenager kleiden, ja sogar dieselben Sportarten wie ein Teenager betreiben? Na, dann können Sie sich doch auch wie Teenager benehmen!
Ran an den Speck! Lassen Sie es nicht bei Chucks Turnschuhen und einem hochgegelten Haarturm bewenden, betrachten sie Ihren iPod Nano in Blueberry Blue und Ihr Oberlippenpiercing erst als den Einstieg in eine Welt, in der Sie nur gewinnen können!

Nur wer hier an der Oberfläche stehen bleibt und versucht, als Erwachsener in einem goldenen Adidas-Anzug für voll genommen zu werden, gibt sich der Lächerlichkeit preis. Seien Sie konsequent und tauchen Sie ein in das Leben Ihrer Teeniekinder und machen Sie so deren Pubertät zur Vorhölle!
Nichts ist für einen Heranwachsenden schlimmer als Eltern, die sich ihrer Verpflichtung entzie-

Ralf B. aus M. ließ sich in einer Dortmunder Bahnhofskneipe von den dort einsitzenden Exknackis nach dem Genuss von zwei Flaschen Wacholder ganzkörpertätowieren. Seitdem reicht die Drohung, das Kind in der Pause auf dem Schulhof zu besuchen, um den widerspenstigen Sohn gefügig zu machen. Ralf B.s Familie lebt wieder in Frieden, auch wenn der Sohn nicht mehr mit ihm spricht. Das ist immer noch besser als das, was er in letzter Zeit so gesagt hat.

hen, spießig, engstirnig und gemein zu sein und sich dabei obendrein auch noch wie die Pickligen selbst benehmen. Mag sein, dass Ihre Arbeitskollegen und Nachbarn Sie am Anfang ein wenig durchgeknallt finden werden, Ihr jugendlicher Elan und Ihre Lebensfreude wird aber sicher bald von allen als eine gewinnbringende Stimmungsverbesserung gewertet werden – außer von Ihrem Teenie, der sich vor lauter Fremdschämen

kaum mehr aus der Haustür wagen wird. Packen Sie das Übel an der Wurzel und amüsieren Sie sich auf dem

Goldenen Pfad des zweiten Frühlings:

Bestellen Sie ihre Tageszeitung ab und abonnieren Sie *Yam!* oder die *BRAVO!*

Das ist der unschlag-
bare Weg zur Überwin-
dung Ihres pubertären
Peinigers: Zahlen Sie es
ihm mit gleicher Münze
heim. Grimasse um Gri-
masse, Deppertheit für
Deppertheit.

Eine Mutter mit ein we-
nig gesichtsakrobati-
scher Fähigkeit und ei-
ner leicht extrovertierten Ader kann so die bis dahin unerträgliche Zicken-
tochter in eine einsiedelnde Klosterschülerin verwandeln. Es reichen wenige Auftritte kurz vor acht Uhr am Hauptportal der Schule.

Runter mit den „jungen Wil-
den" an den Wohnzimmerwänden.
Platz für Poster von Monrose, High
School Musical oder was auch Ihre
neue Abo-Zeitung hergeben mag.

Klamottenschrank leer machen.
Weg mit haltbarer, zeitloser Qua-
litätsware, her mit H&M und New
Yorker Einwegkleidung.
Vorteile: Sie sind immer hip gekleidet und sparen durch den weg-
fallenden Waschvorgang Zeiten-
ergie und das Geld für das teure
Waschmittel.

Gehen Sie nicht zum Es-
sen zu McDonald's, sondern zum
Abchillen.

Arbeiten Sie an Ihrer Physiognomie: Männer – tauschen Sie
die heitere Gelassenheit des Alters
gegen eine Botox-artige Gesichts-
starre, wie Sie Ihr Zögling zuhause
vermeintlich cool durch die Räume

Ihres Domizils zu tragen pflegt; Frauen: Kauen Sie unentwegt Kaugummi und kleben Sie sich einen Farbschnipsel in die Augenbrauen, den Sie nur mit stark verdrehten Pupillen sehen können. Schauen Sie diesen Farbschnipsel in Zwei-Minuten-Intervallen an!

Melden Sie sich in den Chat-Rooms von Schüler-VZ oder MSN Messenger an. Lernen Sie alle wichtigen Smilies und vergessen Sie alle Grundregeln der deutschen Schriftsprache. Neue Wortamputierungen, die von der Gemeinschaft der Kranken akzeptiert worden sind, erkennt man leicht durch ihren urplötzlichen und inflationären Gebrauch.

Hören Sie Musik auf Ihrem Handy, und zwar am besten brüllend laut und am allerbesten in einem vollgestopften Schulbus.

Setzen Sie sich auf die Rücken-

lehnen von Parkbänken an Bahnhöfen und tun Sie dann stundenlang nichts. Sollten Sie das einfach nicht durchhalten, drehen Sie mit einem Mofa ein paar Runden um die Parkbank. Dabei ist darauf zu achten, dass alle lärmdrosselnden Elemente Ihres Fahrzeugs vollständig entfernt sind.

Überlegen Sie sich eine kompliziert wirkende Griffkombination anstelle eines Handschlags, mit der Sie Ihren Ehepartner begrüßen, den Sie zukünftig als Ihren „Homie" bezeichnen sollten.

Frauen: Geben Sie aggressiv-überhebliche Antworten selbst auf harmlose Ansprachen wie „Guten Tag!", „Wie gehts?" „Darf ich Ihnen behilflich sein?" und heulen Sie ruhig auch mal grundlos.

Männer: Betrinken Sie sich gelegentlich am hellen Tag mit Mixgetränken bis zur Bewusstlosigkeit und übergeben Sie sich in den Garten ihrer Nachbarn.

Treiben Sie keinen Sport und werden Sie fett und unförmig oder übertreiben Sie Sport und versuchen Sie, mit Hilfe von verbotenen Mitteln einen absurd gestählten Körper zu erlangen. Versuchen Sie aber um jeden Preis, nicht einfach nur gesund auszusehen. Das ist Opferlook und geht überhaupt nicht!

Lassen Sie sich eine Zahnspange einsetzen!

Reiben Sie sich morgens das Gesicht mit Glaswolle ab.

Begrüßen Sie jeden, besonders die Freunde Ihres Kindes, mit „Was geht, alda?" und sorgen Sie dafür, dass Ihr Gremlin ununterbrochen damit beschäftigt ist, sich für das abartige Benehmen seiner Eltern zu entschuldigen.

Vielleicht wird es eines Tages ein Buch mit dem Titel: „War'n deine Eltern auch so seltsam?" schreiben, aber Sie haben die Pubertät mit Ihren eigenen Waffen und ohne Verwundungen besiegt, und das ist der höchste Dan, den ein Erwachsener im Kampf gegen die Volkskrankheit Akne erringen kann!

And the winner is: Diese fünffache Mutter, die alle(!) Kinder im Teenageralter nach Punkten besiegen konnte und deren Rat hier maßgeblich geholfen hat, die vielseitigen Strategien im Kampf gegen die Pustelbiester zu beschreiben. Danke!

Das Lexikon der Teenieformeln, Teil 4, S–Z

S

Sex. Die Sexualität in der Pubertät wird leider oft so lange herbeigeredet, bis die Abgebrochenen es tatsächlich damit versuchen, um dann festzustellen, dass sie für Sex noch gar nicht reif genug sind. Darum sollte man Sex unter fünfzig von Staats wegen verbieten. Die meis-ten Leute können damit überhaupt nicht richtig umgehen.

Salbe. Besonders Jungs, ihrem Hang zu mysteriösen Voodoo-Geschichten folgend, schmieren sich Salben für und gegen alles Mögliche auf ihren gepeinigten Körper. Das ist oft eine so prägende Erfahrung, dass es selbst im Erwachsenenalter immer noch ausreichend Abnehmer für einen Humbug wie Potenzgel, Haarwuchscreme oder Bauchwegsalben finden.

Frauen sind da vom Start weg schlauer und nutzen schon die Zeit ihrer Makellosigkeit dazu, das hohe Handwerk der Verklebung von Falten und Schründen zu üben. Die typischen Überschminkungen der Teenietage sind in Menge und Aufspachteltechnik nichts anderes als das flüchtige Morgen-Make-up, das sie mit fünfzig für den Briefträger auflegen werden.

T

Takko. Eine wirklich perfide Art, sein Hormonikel hart zu strafen, ist die Einkleidung des Jugendlichen in einem Takko-Markt. Das ist die optische Austrittserklärung aus dem Kreise der Angesagten und Bestaunten, die übelste Form der Selbstächtung, derer ein Teenager unter Gleichaltrigen fähig ist. Worauf warten Sie also noch: Nix wie hin!

U

Unterricht. Gerade Teenies neigen dazu, auch schon mal die Schule zu schwänzen. Das ist wie so vieles in dieser Zeit ein völlig unverständliches Verhalten, denn nirgends sonst treffen die Aknebomber am Morgen schon mehr Leidensgenossen zum gemeinsamen Abchillen und rumlästern. Vielleicht wäre eine Werbeinitiative angebracht, die näher an die jungen Leute heranrückt und ihnen so die Vorzüge des regelmäßigen Schulbesuchs auf ihren Bedarf genau erläutert, etwa so: „Alda, check das: Unterricht ist eine saugeile Gelegenheit, die besten Buddies und Bunnies schon krass am Morgen zu treffen, um dann zu checken, wie es am Mittag weitergeht. Der Ort ist korrekt: O.k., ist scheiße hell, aber hat Heizung, Fenster und all so Zeugs, und der Granny vorne kriegt einfach eine gesetzt, wenn er abnervt. Den Bullen kann man dann immer noch stecken, das Fallobst hat meine Mutter mit Hure beschimpft. Alda, go crazy, go Schule!"

W

World of Warcraft. Das ultimative Mittel, um einen männlichen Akneten tage-, monate-, ja ein ganzes Leben lang vor einem Computerbildschirm zu fesseln. Es ist eine völlig neue Form des Asketentums, bei dem tatsächlich nur mit einem DSL-Anschluss und einem Pizzaservice ein Leben in Glück und Bescheidenheit geführt werden kann.

XYZ

Die wichtigsten Buchstaben in einem wirklich coolen Nachnamen. Wer will heute noch Schmidt heißen, oder Meier. **Yriz Yczür** oder **Yvan Yxzychz,** Das sind die Namen, die den Groove haben.

Bin ich ein Teeniebeherrscher?

Großer Abschlusstest für Ihr Leben in Sicherheit in den kritischen Jahren!

1. Ein sturzbetrunkener Teenager übergibt sich auf Ihre neuen Guccischuhe. Was tun Sie nun?

a. Ich gebe ihm Hilfe und Liebe

b. Ich gebe ihm Fünf

c. Ich gebe ihm korrekt Rat: „Leck das ab, Alda, sonst is Notarztwagen!"

2. Ihr Teenager möchte plötzlich ganz dringend von Samstag auf Sonntag bei seinem Freund Englisch lernen. Wie reagieren Sie?

a. Ich fahre ihn in die Nähe des Wohnortes seines Freundes und lasse ihn außer Sichtweite aussteigen, damit er sich nicht vor seinen Kumpels wie ein kleines Kind fühlen muss.

b. Ich gebe ihm ein Sixpack mit.

c. Ich sage ihm: „Komm, wir gehen zu Bunny und lernen lieber französisch!"

3. Sie erwarten Besuch von Ihrem Chef. Ihre Tochter bekommt davon Wind und schließt sich im Bad ein, um sich deswegen die Pulsadern aufzuschlitzen. Was tun Sie?

a. Ich kündige meine Stelle und versuche, in einer Eltern-Kind-Therapie wieder Kontakt zu meiner Tochter zu bekommen.

b. Ich setze mich heulend vor die Tür, trommele verzweifelt gegen den Türrahmen und schluchze lauthals: „Tu es nicht ... das ist so uncool ..."

c. Ich sag der Schnecke: „Lass die Scheiße, wir können andere Sauereien bei dir auf Sofa machen!".

4. In Ihrem Portemonnaie fehlen 300 Euro. Am Nachmittag kommt Ihr Nachwuchs mit einem neuen iPhone nach Hause. Wie reagieren Sie?

a. Ich versuche, mich über eine breit angelegte Diskussion zum Thema Konsum zu einem Werte-ethischen Diskurs durchzubeißen, ohne dass mein jugendlicher Gesprächspartner die Geduld verliert und mich wieder in den Keller sperrt.

b. Ich sage dem Homie, dass ich es abgefuckt finde, dass er mich abgezogen hat und dass das fette iPhone-Teil mir gehört. Wenn der Spasti dann Zoff macht, erzähle ich es allen unseren ... äh ... seinen Freunden.

c. Ich ziehe das iPhone ab und bringe es zu Assid. Der baut daraus Bombe für Palästina.

5. Ihr Kind, 12 Jahre, kann in letzter Zeit nachts kaum schlafen. Unter dem Bett finden Sie eine Collectors-Box von SAW und ein Video von „Hostel 2" im Directors cut. Was tun Sie?

a. Ich versuche, über Traumanalyse und Atemtechniken Ruhe in die aufgewühlte Seele zu bringen.

b. Ich sage, dass sie sich wieder einkriegen soll. „Hostel 1" habe ich mir doch nur vor ein paar Tagen ausgeliehen, um es mit den Jungs aus der 7b zu gucken. Ist doch viel cooler als Vorlesetag ... würg ... fanden die auch, nachdem ich sie wieder losgebunden hatte. Muss man doch nicht gleich so einen Trouble machen.

c. Hostel, SAW, Kinderkacke. Was soll das Geschrei?

6. Der Schulleiter ihres Zöglings schreibt einen Brief, indem er noch einmal dringend um die neue Meldebescheinigung Ihres Kindes in Oxford bittet. Schließlich seien seit dem Schulabgang nun auch schon drei Monate vergangen. Wie reagieren Sie?

a. Ich bin tief getroffen. Dass mein Kind zu vielem fähig ist, habe ich gewusst. Dass es aber heimlich morgens nach Oxford in die Schule fliegt und mir nichts davon erzählt, das hätte ich nie gedacht.

c. Ich laufe sofort in den Mittelstufenraum und frage die anderen, was wir jetzt machen können, wo das mit der Oxford-Nummer beim Direx aufgeflogen ist.

d. Oxford? Du meinst sicher Mondeo Ford, Penner!

Lösung:

Mehrheitlich a) Au warte: Noch mal ganz von vorne lesen! Dalli, dalli!

Mehrheitlich b) Gratulation. Sie haben es verstanden. Ich wette, Ihr Aknemonster windet sich vor Scham in der hintersten Ecke Ihres Wohnortes, während Sie, auf dem Skateboard stehend, mit dem MP3-Handy megalaut Pink hörend, mit 51 noch mal das Leben genießen, das Sie mit fünfzehn schon deshalb nicht hatten, weil es da noch nicht diese ganzen endgeilen Sachen gab: Maccie, Internet, IPod, Handy, wow. Genießen Sie es!

Mehrheitlich c) Zuerst einmal find ich es gut, Abdul, dass du dir dieses Ding mit den vielen Seiten durchgeblättert hast, obwohl es für ein DVD-Booklet viel zu dick und obendrein in Opfersprache geschrieben ist. Jetzt bring es aber dem Erzieher zurück und versuche, weiterhin so wenig straffällig wie möglich zu sein. Allah akbar!

Lappan · Bücher, die Spaß bringen!

Benito
Selbst ist der Mann! Reparatur- und
Pflegeanleitung für das Modell *Frau*
ISBN 978-3-8303-3195-7

Benito
Selbst ist die Frau! Reparatur- und
Pflegeanleitung für das Modell *Mann*
ISBN 978-3-8303-3196-4

www.lappan.de

Renate Alf
Kleine Familienberatung
in Wort und Bild
ISBN 978-3-8303-3156-8

Christian Matzerath
**Hilfe! Ich habe einen Freund!/
Hilfe! Ich habe eine Freundin!**
ISBN 978-3-8303-6193-8 /
ISBN 978-3-8303-6140-4